Inhaltsverzeichnis

Inhaltsverzeichnis

Inhaltsverzeichnis

Inhaltsverzeichnis

Vorwort

Reiner Backer

Liebe Leserin, lieber Leser,

bei System-Störungen hilft nur eines: Ausgewählte Schritt-für-Schritt-Anleitungen und professionelle Reparatur-Funktionen, mit denen Sie Ihr System schnell wiederherstellen können. Denn wenn Windows den Dienst verweigert, kommen Sie nicht mehr an Ihre E-Mails, ins Internet und an Ihre wichtigen Daten – das ist der reinste Stress, besonders wenn Sie beruflich auf Ihren PC angewiesen sind.

Die passenden Diagnose- und Reparatur-Anleitungen, um Windows im Notfall schnell wieder herzustellen, finden Sie in diesem Buch. Damit sind Sie im Fehlerfall sofort in der Lage, Ihr System zu reparieren und wichtige Daten zu retten – selbst bei einem Totalausfall der Festplatte.

Kostenlose Hotline per E-Mail

Sollten Sie Ihr Windows-Problem nicht mit den in diesem Buch beschriebenen Schritt-für-Schritt-Anleitungen und Tools lösen können, stehen Ihnen mein Team und ich zur Seite. Als Privatperson erhalten Sie kostenlose E-Mail-Hotline bei Windows-Störungen. Senden Sie Ihr Windows-Problem per E-Mail an info-vrb@web.de

Herzlichst Ihr Reiner Backer

Autor von „Windows 8/7/Vista/XP Pannenhilfe"

PS: Die Beiträge in „Windows 8/7/Vista/XP Pannenhilfe" wurden mit Sorgfalt recherchiert und überprüft. Sie unterliegen jedoch Veränderungen. Daher ist eine Haftung ausgeschlossen.

Fehlerlösungen mit Bordmitteln von Windows

Wer selbst schon einmal mit defekten Festplatten zu kämpfen hatte weiß, wie viel Arbeit es macht, das Betriebssystem samt allen Programmen neu zu installieren. Wesentlich zeitsparender lässt sich dies erledigen, wenn Sie regelmäßig Festplatten-Abbilder Ihres Systems erstellen. Nach einem Festplattencrash genügt es dann, eine neue Festplatte einzubauen, das Abbild zurückzuspielen und alles funktioniert wie vorher.

So sind Sie im Schadensfall in der Lage, die vorher in der Image-Datei gesicherten Daten, Programme und das Betriebssystem einfach wieder zurückzuspielen. Das funktioniert auch, wenn Windows beschädigt wurde oder wenn Ihre Festplatte komplett den Dienst verweigert.

Wie Sie Ihre Daten und Programme in einem Festplatten-Abbild sichern und bei einem Festplatten-Crash wiederherstellen, zeigen Ihnen die nachfolgenden Schritt-für-Schritt-Anleitungen für Windows 8, 7, Vista und XP.

Erstellen Sie eine komplette Kopie Ihrer Festplatte unter Windows 8

In Windows 8 ist ein Backup-Imaging-Tool enthalten. Damit können Sie per Klick eine exakte Kopie Ihrer Festplatte erstellen. Im Ernstfall stellen Sie dann Ihr System und alle Ihre Daten und Programme einfach mit dem Image wieder her. Bei einem komplexen System mit 200 GByte belegten Speicherplatz dauert das zwar auch ungefähr drei Stunden. Das Wiederaufspielen Ihrer Anwendungen und Daten läuft aber vollautomatisch ab, ohne dass Sie etwas tun müssen.

Tipp! Speichern Sie das Image auf einer externen USB-Festplatte. Damit sind Sie im Fall eines Festplattendefekts abgesichert und können Ihr System schnell wiederherstellen.

Um eine Kopie von Ihrer Festplatte zu erstellen, gehen Sie unter Windows 8 folgendermaßen vor:

Fehlerlösungen mit Bordmitteln von Windows

1. Wechseln Sie auf den Windows-Desktop und klicken Sie mit der rechten Maustaste auf das ❶ **Start**-Symbol unten links in der Taskleiste.

2. Klicken Sie mit der rechten Maustaste auf das Symbol und wählen Sie den ❷ Eintrag **Systemsteuerung**.

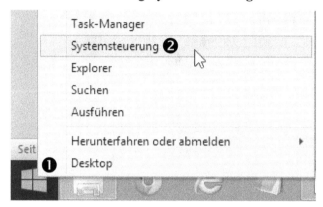

Aktivieren Sie das abgespeckte Start-Menü von Windows 8.

3. Geben Sie rechts oben im Suchfeld den ❸ Begriff **Dateiversionsverlauf** ein und klicken Sie auf den ❹ gleichnamigen Eintrag.

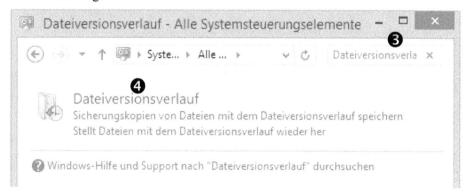

So erstellen Sie eine komplette Sicherung Ihres Systems.

4. Wählen Sie im linken Fensterteil den ❺ Link
   Systemabbildsicherung.

5. Im Folgenden können Sie wählen, ob Sie auf eine ❻ Festplatte, auf
   DVDs oder auf eine Netzwerkfreigabe das Abbild der Festplatte
   speichern wollen.

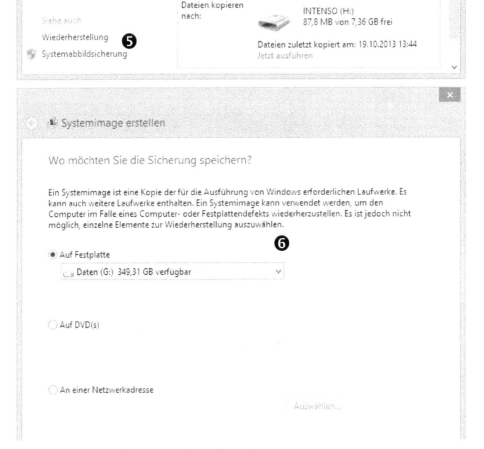

Legen Sie eine exakte Kopie Ihrer Festplatte an.

Tipp! Speichern Sie die Sicherung aber nicht auf die gleiche Festplatte.
Verwenden Sie dafür ein externes Laufwerk oder eine im System eingebaute
zweite Festplatte.

7. Bestätigen Sie Ihre Auswahl mit einem Klick auf **Weiter** und wählen Sie aus, welche ❼ Laufwerke gesichert werden sollen.

8. Klicken Sie dann auf ❽ **Weiter** und **Sicherung starten**.

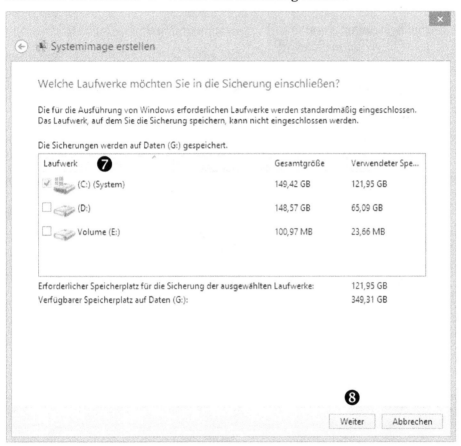

Starten Sie den Sicherungsvorgang.

9. Lassen Sie sich abschließend mit einem Klick auf **Ja** noch eine startfähige CD erstellen. Über diese CD können Sie das System auch beim Ausfall Ihrer Festplatte zurücksichern. Alternativ starten Sie das System über die Windows 8-DVD und wählen dann die **Reparaturfunktion** aus.

Sichern Sie Ihr komplettes System mit Windows 7

Mit Windows 7 wurde erstmalig das Backup-Imaging-Tool auch in den kleinen Versionen ab Home Premium integriert. Damit können Sie per Klick eine exakte Kopie Ihrer Festplatte erstellen.

Um eine Systemkopie von Ihrer Festplatte unter Windows 7 zu erstellen, gehen Sie folgendermaßen vor:

1. Klicken Sie in der Kategorienansicht auf **Start – Systemsteuerung – System und Sicherheit – Sichern und Wiederherstellen**.

2. Wählen Sie im linken Fensterteil den ❶ Link **Systemabbild erstellen**.

3. Im Folgenden können Sie wählen, ob Sie das Abbild auf einer ❷ Festplatte, auf DVDs oder auf einer Netzwerkfreigabe speichern wollen.

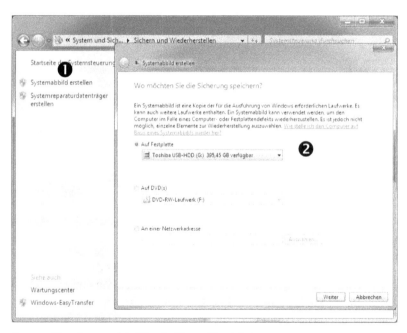

Legen Sie eine exakte Kopie Ihrer Festplatte an.

4. Bestätigen Sie Ihre Auswahl mit einem Klick auf **Weiter** und wählen Sie aus, welche Laufwerke gesichert werden sollen.

5. Klicken Sie dann auf **Weiter** und **Sicherung starten**.

6. Lassen Sie sich abschließend mit einem Klick auf ❸ **Ja** noch eine startfähige CD erstellen. Über diese CD können Sie das System auch beim Ausfall Ihrer Festplatte zurücksichern.

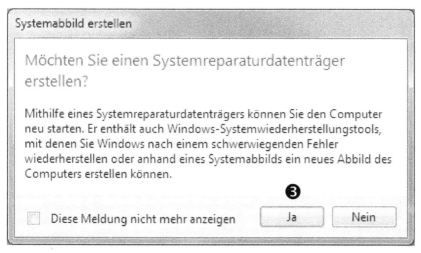

Erstellen Sie eine Notfall-CD, über die Sie die Sicherung starten können.

Im Falle einer schwerwiegenden System-Störung können Sie mit der erstellten Notfall-CD oder über die Option **Computer reparieren** im abgesicherten Modus Ihre Daten, Programme und Windows 7 ganz schnell wiederherstellen.

1. Wählen Sie nach dem Start Ihren Benutzernamen und geben Sie Ihr Kennwort ein.

2. Im nächsten Schritt klicken Sie auf **Systemabbild-Wiederherstellen**. Standardmäßig ermittelt Windows 7 das letzte verfügbare Systemabbild. Findet es nichts, aktivieren Sie stattdessen **Systemabbild auswählen** und markieren das gewünschte Backup.

3. Folgen Sie den Anweisungen des Assistenten.

Hinweis: Bei der Wiederherstellung eines Systemabbildes werden alle vorhandenen Dateien durch diejenigen der Sicherung überschrieben.

So sichern Sie die komplette Festplatte unter Vista/XP

Windows Vista/XP besitzt leider keine bordeigene Funktion zum Sichern des gesamten Systems. Unter Windows Vista/XP setzen Sie zum Sichern Ihres kompletten Systems das kostenlose ❶ Programm **Backup & Recovery Free Edition** von Paragon (www.paragon-software.com/de/home/br-free/index.html) ein.

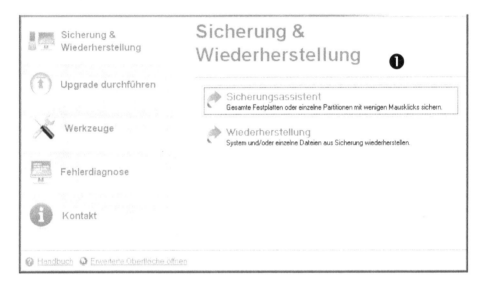

Sichern Sie mit diesem Tool Ihre komplette Festplatte(n).

Es bietet Ihnen neben der Image-Erstellung eine Start-CD, über die Sie das System im Notfall zurücksichern können. Um ein Abbild Ihrer Festplatte mit dem Tool zu erstellen, gehen Sie wie folgt vor:

1. Klicken Sie nach dem Start des Programms auf den Eintrag **Sicherungsassistent**.

2. Klicken Sie im Begrüßungsbildschirm des Assistenten zum Sichern der Partition auf die Schaltfläche **Weiter**.

3. Wählen Sie im nächsten Schritt aus, welche Laufwerke Sie sichern möchten und klicken Sie wieder auf **Weiter**. Sie können dabei auch mehrere Laufwerke bzw. Partitionen zum Sichern auswählen. Lassen Sie am besten das ganze ❷ System sichern – mit Windows, Ihren Daten und Programmen. So sind Sie im Fehlerfall auf der sicheren Seite.

4. Im unteren Teil wird angezeigt, wie viel ❸ Speicherplatz die Sicherung ungefähr in Anspruch nimmt. Rechnen Sie da sicherheitshalber 10 bis 20 Prozent mehr ein.

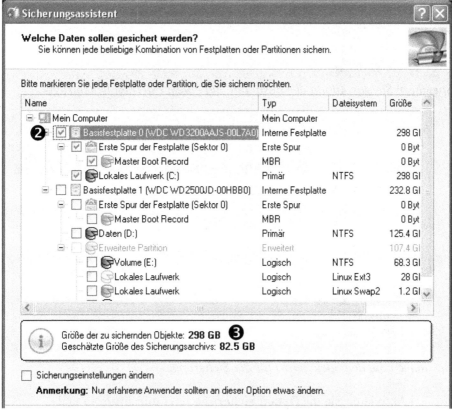

Wählen Sie das Laufwerk aus, welches gesichert werden soll.

5. Geben Sie im nächsten Schritt an, wo Sie das Abbild (Image) der Festplatte speichern möchten und klicken Sie auf **Weiter**. Wählen Sie für die Datensicherung am besten einen ❹ externen Datenträger, wie eine USB-Festplatte aus. Klicken Sie dazu auf **Lokales Laufwerk oder Netzlaufwerk**. Alternativ können Sie die Sicherung auch auf CD/DVD vornehmen.

Speicherort für die Sicherung
Sie können den Speicherort der Sicherung wählen.

Der Programmassistent kann Ihre Daten auf unterschiedliche Weise speichern. Bitte wählen Sie, wo das Sicherungsarchiv gespeichert werden soll:

❹ ⊙ Lokales Laufwerk oder Netzlaufwerk

○ Physische Partition (kein Laufwerksbuchstabe zugewiesen)

○ CD, DVD oder Blu-ray

Speichern Sie das Abbild der Festplatte auf einem externen Datenträger.

6. Wählen Sie dann die gewünschte ❺ Festplatte/den Datenträger aus, wo die Sicherung gespeichert werden soll und klicken Sie auf **Weiter**. Über die obigen ❻ Schaltflächen können Sie einen Ordner erstellen und diesen wieder löschen.

Bestimmen Sie den Speicherort für die Sicherung.

7. Aktivieren Sie die Option **Sicherung jetzt durchführen** und bestätigen Sie mit einem zweimaligen Klick auf **Weiter**.

8. Anschließend wird die Sicherung gestartet und der Fortschritt der Sicherung optisch angezeigt.

Tipp! Speichern Sie das Image auf einer eigenen Festplatte, einer externen USB-Festplatte oder auf einer DVD. So sind Sie auch im Fall eines Festplattendefektes abgesichert und können Ihr System schnell wiederherstellen.

Sollte Ihr System einmal nicht mehr starten, können Sie Ihre Daten und Programme über eine Start-CD wiederherstellen. Um diese startfähige CD anzulegen, sind nur wenige Mausklicks notwendig:

1. Klicken Sie nach dem Start von **Backup & Recovery Free Edition** auf **Werkzeuge** und den Eintrag **Rettungs-Disk erstellen**.

2. Klicken Sie auf die Schaltfläche **Weiter** und wählen Sie die ❼ Option **CD/DVD**, wenn Sie eine startfähige CD anlegen möchten. Alternativ klicken Sie auf ❽ **Flash Speicher / USB**, wenn Sie das Wiederherstellungs-System auf einem USB-Stick installieren möchten. Bestätigen Sie Ihre Auswahl mit einem Klick auf **Weiter**.

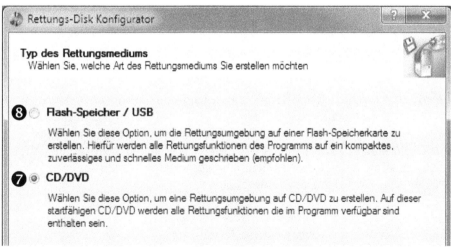

Bestimmen Sie, welches Medium für das Wiederherstellungs-System verwendet werden soll.

3. Wählen Sie im nächsten Fenster die Option **Typisch** und klicken Sie mehrmals auf **Weiter**, um die CD bzw. den startfähigen USB-Stick zu erstellen.

Falls Ihr System noch startet, können Sie das betreffende Laufwerk ganz einfach wiederherstellen. Rufen Sie dazu **Backup & Recovery Free Edition** auf und klicken Sie nach dessen Start auf den Eintrag **Datenübertragung**.

Folgen Sie dann den Anweisungen des ❾ Assistenten zum Wiederherstellen der Partition.

Folgen Sie zum Wiederherstellen des Laufwerks den Anweisungen des Assistenten.

Tipp! Den Löwenanteil der Datenverluste bei Festplatten machen mit rund 70 % Hardware-Schäden aus. Sollten Sie wie oben beschrieben über eine Systemsicherung verfügen, bauen Sie einfach eine neue Festplatte ein und spielen Ihr komplettes System zurück. Sollten Sie über keine Sicherung verfügen, können Ihnen meist Datenrettungsspezialisten noch helfen. Nachfolgend zwei gute Datenrettungslabore:

Anbieter	**Internet**
Convar	www.convar.de
Daten Phoenix	www.datenphoenix.de

Setzen Sie Windows auf den zuletzt funktionierenden Zustand zurück

Wer kennt das nicht, irgendwann kommt es bei Windows aufgrund einer Installation oder eines Absturzes zu Fehlermeldungen oder es wird instabil. Jetzt würde es helfen, die letzte Aktion vor dem Auftreten der Fehler wieder rückgängig zu machen. Was den Fehler verursacht hat, ist jedoch nicht immer klar.

Für solche Fälle stellt Ihnen Windows die Systemwiederherstellung zur Verfügung. Damit können Sie Ihr System bei Windows-Störungen oder sonstigen Problemen schnell in den Zustand zurücksetzen, den er vor dem Auftreten des Problems hatte. Windows verwendet dazu zuvor gesicherte Betriebssystemeinstellungen inklusive der dazugehörigen Treiber und Dateien.

- Bei jedem Update Ihres Systems oder eines Hardware-Treibers erstellt Windows automatisch einen Wiederherstellungspunkt. Voraussetzung ist, dass genügend Plattenspeicherplatz zur Verfügung steht und die Systemwiederherstellung nicht deaktiviert ist.

- Ein Wiederherstellungspunkt wird darüber hinaus auch bei der Installation von Software-Komponenten angelegt, wenn diese Veränderungen an den Systemdateien oder -einstellungen durchführen.

Richten Sie einen Wiederherstellungspunkt unter Windows 8 ein

Im Fehlerfall können Sie also mit der Systemwiederherstellung Änderungen an Ihrem System rückgängig machen. Die gesicherte Konfiguration wird wiederhergestellt und alles ist wieder so, wie es vor der Änderung war. Deshalb sollten Sie als Erstes einen Wiederherstellungspunkt manuell einrichten. Gehen Sie dazu folgendermaßen vor:

Fehlerlösungen mit Bordmitteln von Windows

1. Drücken Sie die Tastenkombination **<WIN>+<X>** und wählen Sie
   den ❶ Eintrag **Systemsteuerung**.

2. Wählen Sie unter **Anzeige** den ❷ Eintrag **Große Symbole** aus.

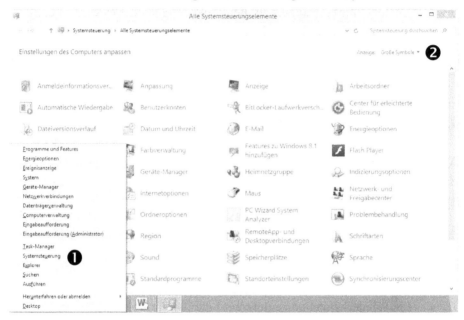

*Aktivieren Sie die **Systemsteuerung**.*

3. Klicken Sie auf **System** und im linken Fensterteil auf den ❸ Link
   Computerschutz.

*Wählen Sie den Link **Computerschutz** aus.*

18

4. Anschließend können Sie die Datenträger auswählen, die in die Systemwiederherstellung einbezogen werden sollen. Belassen Sie es am besten bei der Voreinstellung.

5. Sollte der Schutz für das betreffende Laufwerk deaktiviert sein, klicken Sie auf **Konfigurieren** und wählen die Option **Computerschutz aktivieren**.

6. Um einen Wiederherstellungspunkt anzulegen, klicken Sie jetzt auf die ❹ Schaltfläche **Erstellen...**.

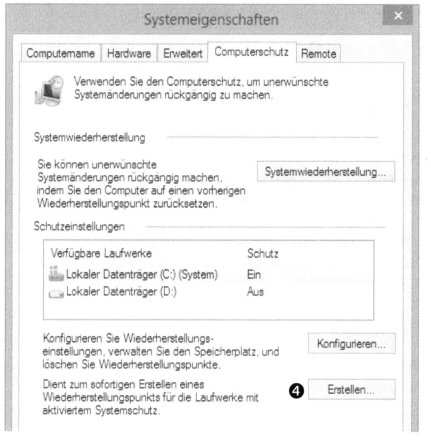

Bereiten Sie für den Notfall einen manuellen Wiederherstellungspunkt vor.

7. Geben Sie einen ❺ Namen für den Wiederherstellungspunkt ein und klicken Sie auf **Erstellen**. Der Wiederherstellungspunkt wird nun erstellt und damit eine Momentaufnahme Ihres Systems gespeichert.

Vergeben Sie einen sprechenden Namen.

Bei einem Problem oder im Schadensfall können Sie jetzt Ihr System in einen früheren, funktionierenden Zustand zurückversetzen.

1. Aktivieren Sie die **Systemsteuerung** und wählen Sie unter **Anzeige** den Eintrag **Große Symbole** aus.

2. Klicken Sie auf **System** und im linken Fensterteil auf den Link **Computerschutz**.

3. Klicken Sie auf die ❻ Schaltfläche **Systemwiederherstellung** und auf **Weiter**.

Aktivieren Sie die Systemwiederherstellung.

4. Wählen Sie den gewünschten ❼Wiederherstellungspunkt aus und klicken Sie auf **Weiter**.

5. Bestätigen Sie Ihre Auswahl durch einen Klick auf **Fertig stellen**. Ihr System wird anschließend neu gestartet und in dem vorher gewählten funktionierenden Zustand wiederhergestellt.

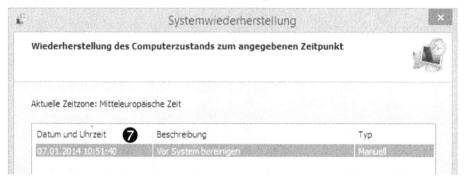

So setzen Sie Ihr System mit wenigen Mausklicks auf einen stabilen Zustand zurück.

So erstellen Sie unter Windows 7/Vista einen Wiederherstellungspunkt

Im Fehlerfall können Sie mit der Systemwiederherstellung Änderungen an Ihrem System rückgängig machen. Die gesicherte Konfiguration wird wiederhergestellt und alles ist wieder so, wie es vor der Änderung war. Deshalb sollten Sie als Erstes manuell einen Wiederherstellungspunkt einrichten.

Gehen Sie dazu unter Windows 7/Vista wie folgt vor:

1. Um zu den Einstellungen für die Systemwiederherstellung zu gelangen, klicken Sie unter Windows 7 auf ❶ **Start –** **Systemsteuerung – System und Sicherheit** und im nächsten Fenster auf **System**. Wenn Sie Vista einsetzen, klicken Sie auf **Start –** **Systemsteuerung** und doppelklicken auf das Symbol **Sichern und** **Wiederherstellen**.

Fehlerlösungen mit Bordmitteln von Windows

Aktivieren Sie die Systemsteuerung.

2. Unter Windows 7 klicken Sie im linken Fensterteil auf den ❷ Link
   Computerschutz. Wählen Sie unter Vista im linken Fensterteil
   Wiederherstellungspunkt erstellen oder Einstellungen ändern.

3. Sie können jetzt die ❸ Datenträger auswählen, die in die
   Systemwiederherstellung einbezogen werden sollen. Belassen Sie es
   am besten bei der Voreinstellung.

4. Um einen Wiederherstellungspunkt anzulegen, klicken Sie jetzt auf
   die ❹ Schaltfläche **Erstellen…**.

Fehlerlösungen mit Bordmitteln von Windows

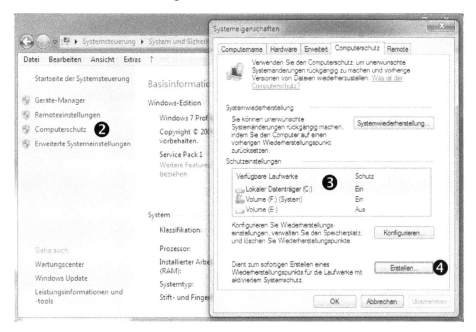

So legen Sie Schritt für Schritt unter Windows 7/Vista einen Wiederherstellungspunkt an.

5. Geben Sie einen ❺ Namen für den Wiederherstellungspunkt ein und klicken Sie auf **Erstellen**.

6. Klicken Sie abschließend auf **OK** bzw. **Schließen**.

Geben Sie dem Wiederherstellungspunkt einen sprechenden Namen.

Fehlerlösungen mit Bordmitteln von Windows

Bei einem Problem oder im Schadensfall können Sie jetzt Ihr System in einen früheren, funktionierenden Zustand zurückversetzen.

1. Unter Windows 7 klicken Sie auf **Start – Systemsteuerung – System und Sicherheit – System**. Klicken Sie im linken Fensterteil auf **Computerschutz**, anschließend auf die Schaltfläche **Systemwiederherstellung** und ❻ **Weiter**.

   Klicken Sie unter Vista auf **Start – Alle Programme – Zubehör – Systemprogramme – Systemwiederherstellung**.

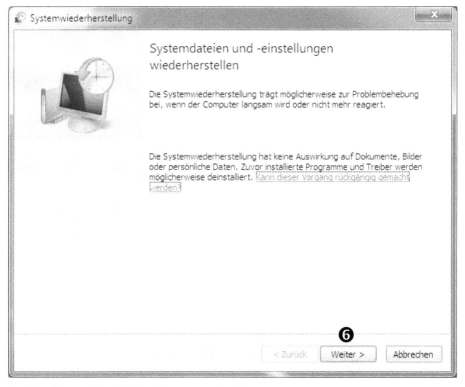

Stellen Sie im Notfall Ihr System wieder her.

2. Voreingestellt wird zur Auswahl der letzte erstellte Wiederherstellungspunkt aktiviert. Um sich alle Wiederherstellungspunkt anzeigen zu lassen, aktivieren Sie die Option

❼ **Weiter Wiederherstellungspunkte anzeigen** (Windows 7) bzw. **Anderen Wiederherstellungspunkt auswählen** (Vista).

3. Wählen Sie den ❽ Eintrag aus, auf welches Datum Sie das System zurücksetzen möchten. Bestätigen Sie Ihre Auswahl durch einen Klick auf ❾ **Weiter** und **Fertig stellen**.

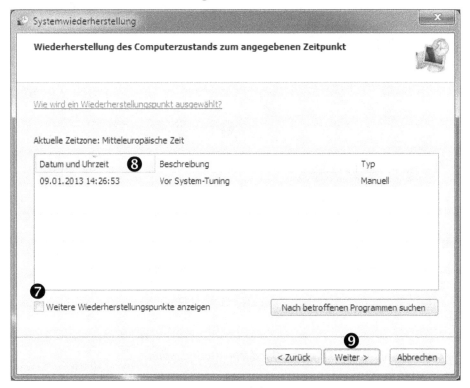

So lassen Sie sich alle Wiederherstellungspunkte anzeigen.

Legen Sie unter Windows XP einen Wiederherstellungspunkt an

Wenn Sie Windows XP einsetzen, führen Sie die folgenden Arbeitsschritte aus:

Fehlerlösungen mit Bordmitteln von Windows

1. Starten Sie die Systemwiederherstellung durch einen Klick auf **Start –
   Alle Programme – Zubehör – Systemprogramme –
   Systemwiederherstellung**.

2. Wählen Sie die ❶ Option **Einen Wiederherstellungspunkt
   erstellen** und klicken auf **Weiter**.

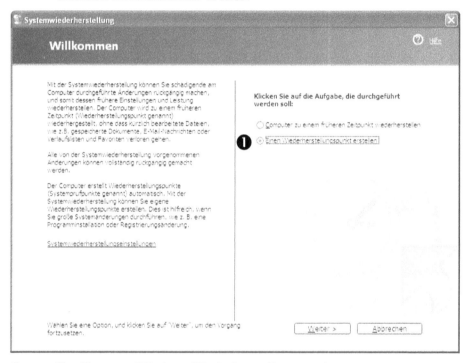

So erstellen Sie unter XP einen Wiederherstellungspunkt.

3. Geben Sie eine aussagefähige ❷ Bezeichnung für den
   Wiederherstellungspunkt ein. Unter dieser Bezeichnung können Sie
   den Wiederherstellungspunkt jederzeit wiederfinden und die
   dazugehörige Konfiguration reaktivieren.

4. Nach einem Klick auf ❸ **Erstellen** wird der Wiederherstellungspunkt
   erzeugt. Klicken Sie abschließend auf die Schaltfläche **Schließen**.

Fehlerlösungen mit Bordmitteln von Windows

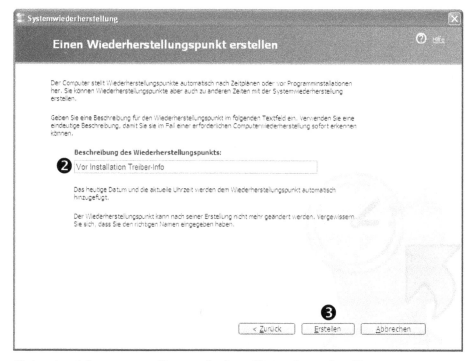

Sicher ist sicher – setzen Sie vor der Installation kritischer Komponenten einen Wiederherstellungspunkt.

Im Fehlerfall setzen Sie Ihr System auf einen stabilen Zustand zurück. Wenn Sie Windows XP einsetzen, führen Sie die folgenden Arbeitsschritte aus:

1. Klicken Sie auf ➍ **Start – Hilfe und Support – Computeränderungen mit der Systemwiederherstellung rückgängig machen** – ➎ **Computer zu einem früheren Zeitpunkt wiederherstellen**.

2. Aktivieren Sie ggf. die Option **Computer zu einem früheren Zeitpunkt wiederherstellen** und klicken Sie auf **Weiter**.

Fehlerlösungen mit Bordmitteln von Windows

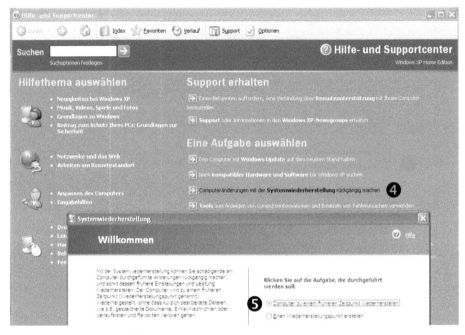

Aktivieren Sie das Hilfe und Support-Center von Windows XP.

3. Wählen Sie den  ❻ Zeitpunkt im Kalender aus, auf dem das System zurückgesetzt werden soll.

4. Klicken Sie abschließend noch zweimal auf **Weiter** und starten Sie Ihr System neu.

Beim Auftreten eines Windows-Fehlers sollten Sie zuerst Ihr System auf die zuletzt funktionierende Systemkonfiguration zurücksetzen.

Aktivieren Sie den abgesicherten Modus

Wer kennt das nicht, irgendwann kommt es bei Windows aufgrund einer Installation oder eines Absturzes zu Fehlermeldungen oder es wird instabil. Jetzt würde es helfen, die letzte Aktion vor dem Auftreten der Fehler wieder rückgängig zu machen. Was den Fehler verursacht hat, ist jedoch nicht immer klar.

Wenn Windows beim Systemstart plötzlich einfriert oder sich mit einem Bluescreen verabschiedet, ist der abgesicherte Modus oft die letzte Rettung. Denn nach dem Start im abgesicherten Modus nehmen Sie die notwendigen Korrekturen in den Windows-Einstellungen vor und bringen Ihr System dadurch wieder zum Laufen. Im abgesicherten Modus startet Ihr System nur mit den Treibern, Diensten und Prozessen, die für einen Minimalbetrieb von Windows unbedingt notwendig sind.

Dazu zählen die Treiber für Maus, Monitor, Tastatur, Festplatte, die Grundeinstellungen für die Grafikfunktion sowie die Standardsystemdienste. Insbesondere nach der fehlerhaften Installation von neuen Geräten, Treibern oder Software startet Windows automatisch im abgesicherten Modus.

Aktivieren Sie den abgesicherten Modus unter Windows 8

Den abgesicherten Modus können Sie unter Windows 8 wie folgt aktivieren:

1. Um Windows 8 gezielt im abgesicherten Modus zu starten, drücken Sie beim Systemstart die Tasten ⇧ +F8 . Die Bootzeiten von Windows 8 sind sehr schnell und daher klappt dieser Schritt oft erst nach ein paar Versuchen.

2. Sollte Windows 8 noch starten, können Sie den abgesicherten Modus auch über die Systemkonfiguration aktivieren.

3. Drücken Sie dazu die Tastenkombination <**WIN**>+<**R**>. Geben Sie ❶ **msconfig** ein und bestätigen Sie mit **OK**.

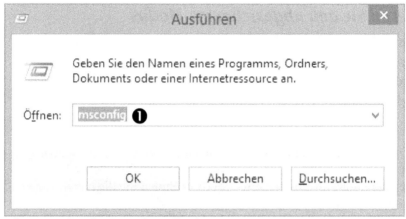

Aktivieren Sie die Eingabeaufforderung.

4. Im Register **Start** aktivieren Sie die ❷ Option **Abgesicherter Start**.

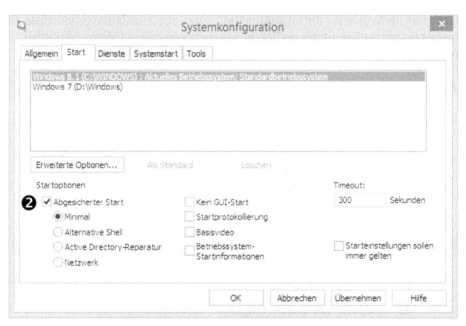

Starten Sie über die Systemkonfiguration in den abgesicherten Modus.

5. Zeigen Sie im abgesicherten Modus mit der Maus in die rechte obere Ecke des Desktops und wählen Sie die **Einstellungen**.

6. Klicken Sie dann unten rechts auf **PC-Einstellungen ändern** und unter **PC-Einstellungen** auf **Update/Wiederherstellung**.

7. Klicken Sie dann auf ❸ **Wiederherstellung** und beispielsweise unter **PC ohne Auswirkungen auf die Dateien auffrischen** auf ❹ **Los geht's**. Anschließend wird das System nach Fehlern durchsucht und automatisch repariert.

Alle Funktionen von Windows 8 stehen natürlich auch im abgesicherten Modus zur Verfügung.

Tipp! Sie können den abgesicherten Modus und die Reparaturfunktionen auch über die **Ein/Aus**-Schaltfläche aktivieren. Drücken Sie dazu die Tastenkombination <**WIN**>+<**I**> und klicken Sie auf die **Ein/Aus**-Schaltfläche. Halten Sie die Taste ⇧ gedrückt und klicken Sie auf **Neu starten**.

Hinweis: Damit Sie beim Systemstart bequem im abgesicherten Modus starten können, gibt es einen Trick. Mit diesem können Sie das Bootmenü wie von den Vorgängerversionen von Windows gewohnt mit [F8] aktivieren.

1. Drücken Sie die Tastenkombination **<WIN>+<X>**.

2. Wählen Sie aus dem Menü den ❺ Eintrag **Eingabeaufforderung (Administrator)**.

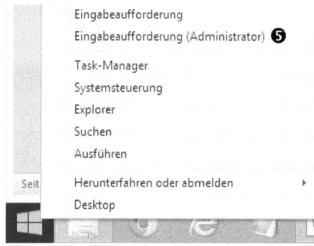

Aktivieren Sie die Eingabeaufforderung mit erweiterten Rechten.

3. Bestätigen Sie die Sicherheitsabfrage der Benutzerkontensteuerung mit einem Klick auf **Ja**.

4. Geben Sie die beiden folgenden Befehle ein:
   cd \ [↵]
   bcdedit /set {default} bootmenupolicy legacy [↵]

5. Schließen Sie die Eingabeaufforderung. Anschließend lässt sich das Startmenü des abgesicherten Modus beim Starten wieder per [F8] aktivieren.

So lösen Sie System-Störungen von Windows 7/Vista/XP im abgesicherten Modus

Um Windows gezielt im abgesicherten Modus zu starten, drücken Sie beim Systemstart (vor Erscheinen des Windowslogos) die Taste [F8]. Anschließend wird Ihnen das nachfolgende ❶ Auswahlmenü angezeigt:

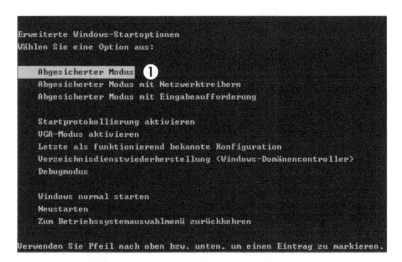

Die erweiterten Windows-Startoptionen zur Auswahl des abgesicherten Modus.

Sollten Ihr Windows 7, Vista oder XP nicht mehr starten, reaktivieren Sie die zuletzt funktionierende Systemkonfiguration über den abgesicherten Modus.

1. Dazu drücken Sie beim Systemstart die Taste [F8].

2. Im Menü der erweiterten Startoptionen wählen Sie ❷ **Letzte als funktionierend bekannte Konfiguration**.

3. Beim Starten werden die Registry-Einstellungen verwendet, mit denen Windows zuletzt erfolgreich gestartet ist.

```
Startprotokollierung aktivieren
UGA-Modus aktivieren
Letzte als funktionierend bekannte Konfiguration ❷
Verzeichnisdienstwiederherstellung (Windows-Domänencontroller)
Debugmodus
```

Wenn Windows nicht mehr normal startet, aktivieren Sie den abgesicherten Modus.

Hinweis: Alle seit der letzten erfolgreichen Anmeldung vorgenommenen Treibereinstellungen und Änderungen an Systemeinstellungen gehen dabei allerdings verloren.

Hier finden Sie die erweiterten Windows-Startoptionen im Überblick

- **Abgesicherter Modus**: Damit starten Sie Windows mit den wichtigsten Treibern, Diensten und Prozessen. Die eingetragenen Anwendungen in der Programmgruppe „Autostart" werden nicht gestartet.

  Tipp! Verwenden Sie diese Startoption, wenn ein soeben installierter Treiber zu Problemen beim Starten Ihres Systems führt.

- **Abgesicherter Modus mit Netzwerktreibern**: Der Ablauf ist der gleiche wie beim **Abgesicherten Modus**. Zusätzlich werden hier jedoch noch die Netzwerktreiber geladen, sodass Sie beispielsweise eine Datensicherung auf freigegebene Laufwerke im Netzwerk durchführen oder Daten von dort laden können.

- **Abgesicherter Modus mit Eingabeaufforderung**: Der Systemstart erfolgt wie beim **Abgesicherten Modus**. Anstelle des Windows-Desktops, des Startmenüs und der Taskleiste wird Ihnen aber die Eingabeaufforderung angezeigt.

- **Startprotokollierung aktivieren**: Bei dieser Startoption erstellt Windows ein Protokoll, aus dem Sie ersehen können, welche Treiber und Dienste vom System geladen bzw. nicht geladen wurden.

Fehlerlösungen mit Bordmitteln von Windows

Zusätzlich werden eventuell auftretende Fehler aufgezeichnet. Anschließend wird Windows ganz normal gestartet.

Tipp! Auch bei den Startoptionen **Abgesicherter Modus, Abgesicherter Modus mit Netzwerktreibern** und **Abgesicherter Modus mit Eingabeaufforderung** wird dieses Startprotokoll angelegt.

- **VGA-Modus aktivieren**: Windows startet mit dem Standard-VGA-Treiber.

  Tipp! Diese Startoption wählen Sie aus, wenn Sie z. B. die Grafikkarte und/oder deren Treiber ersetzt haben und anschließend Fehler auftreten. Da damit der Standard-VGA- Treiber geladen wird, können Sie in diesem Modus den alten Treiber entfernen und anschließend einen neuen installieren. Auch können Sie mit dieser Startoption auf Ihr CD-/DVD-Laufwerk zugreifen, um den neuen Treiber von CD/DVD zu installieren.

- **Letzte als funktionierend bekannte Konfiguration**: Beim Starten werden die von Windows bei der letzten Anmeldung gespeicherten Informationen und Treiber aus der Registrierung verwendet.

  Tipp! Alle seit der letzten erfolgreichen Anmeldung vorgenommenen Treiber-Einstellungen und Änderungen an Systemeinstellungen gehen verloren. Verwenden Sie diese Startoption bei einer fehlerhaften Konfiguration.

- **Verzeichnisdienstwiederherstellung**: Diese Option dient bei Server-Betriebssystemen ausschließlich zum Wiederherstellen des Verzeichnisses **SYSVOL** und des Verzeichnisdienstes **Active Directory** auf einem Domänencontroller.

- **Debugmodus**: Sendet beim Starten Debug-Informationen über ein serielles Kabel an einen anderen PC.

- **Windows normal starten**: Windows startet wie gewohnt.

- **Neu starten**: Startet das System neu.

- **Zum Betriebssystemauswahlmenü zurückkehren**: Wenn Sie mehrere Betriebssysteme auf Ihrem PC installiert haben, bringt Sie diese Option zurück zur Auswahl des zu startenden Betriebssystems.

Prüfen Sie Ihre Festplatte auf Fehler und lassen Sie diese automatisch reparieren

Bei undefinierbaren und überraschenden Plattenproblemen sollten Sie zuerst zu Software-Tools greifen. Windows bietet Ihnen für diesen Fall die Datenträgerüberprüfung. Um diese zu aktivieren, gehen Sie unter Windows 8/7/Vista/XP folgendermaßen vor:

1. Schließen Sie alle Programme und Dateien und starten Sie den Windows-Explorer (**WIN**+**<E>**).

2. Klicken Sie im Windows-Explorer mit der rechten Maustaste auf das Symbol des Laufwerks, das Sie auf Fehler überprüfen möchten. Aus dem Kontextmenü wählen Sie den ❶ Eintrag **Eigenschaften**.

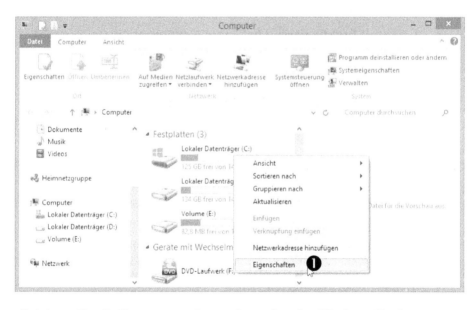

Aktivieren Sie die Datenträgerüberprüfung über den Windows-Explorer.

3. Klicken Sie unter Windows 8/7/Vista auf das ❷ Register **Tools** und unter XP auf **Extras**.

4. Klicken Sie unter Windows 8 auf ❸ **Prüfen**. Unter Windows 7/Vista/XP klicken Sie auf **Jetzt prüfen...** und aktivieren die beiden Optionen **Dateisystemfehler automatisch korrigieren** und **Fehlerhafte Sektoren suchen/wiederherstellen**.

Starten Sie die Datenträgerüberprüfung.

5. Klicken Sie unter Windows 8 auf den ❹ Link **Laufwerk scannen**. Unter Windows 7/Vista/XP klicken Sie auf **Starten**, um das Dateisystem auf Fehler zu überprüfen und diese zu beseitigen.

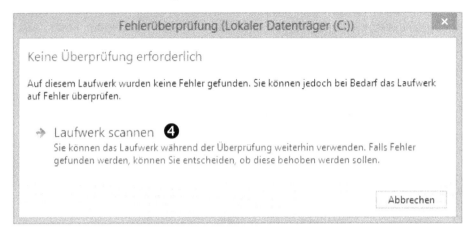

Checken Sie Ihr Dateisystem auf Fehler und lassen Sie diese automatisch reparieren.

Tipp! Sollte es sich unter Windows 7/Vista/XP um das Systemlaufwerk handeln, wird die Meldung **Der Datenträger kann nicht überprüft werden, während er in Verwendung ist** angezeigt. Klicken Sie dann auf ❺ **Datenprüfung planen**, um die Festplatte beim nächsten Neustart auf Fehler überprüfen zu lassen.

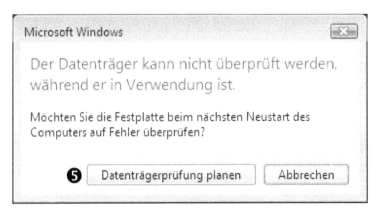

Lassen Sie Ihr Systemlaufwerk nach dem nächsten Systemstart überprüfen.

Reparieren Sie die Systemdateien von Windows

Wenn wichtige Systemdateien von Windows beschädigt werden, geht gar nichts mehr. Beim Hochfahren erscheinen Fehlermeldungen, wichtige Programme starten nicht mehr. Schuld sind defekte Systemdateien, die beispielsweise von anderen Programmen oder Tools beschädigt wurden. Die gute Nachricht: Die Systemdateien können Sie ganz schnell wiederherstellen.

So stellen Sie die Systemdateien unter Windows 8 wieder her

Die Systemdateien können Sie unter Windows 8/7/Vista nur mit Administrator-Rechten in der Eingabeaufforderung wiederherstellen. Unter Windows 8 folgen Sie dazu der nachfolgenden Schritt-für-Schritt-Anleitung:

1. Drücken Sie die Tastenkombination **<WIN>+<X>**.

2. Wählen Sie den ❶ Eintrag **Eingabeaufforderung (Administrator)**.

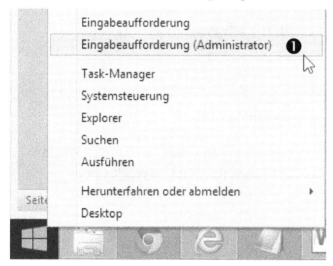

Aktivieren Sie das abgespeckte Start-Menü von Windows 8.

3. Geben Sie den ❷ Befehl **sfc /scannnow** und bestätigen Sie mit der
   Taste ⏎.

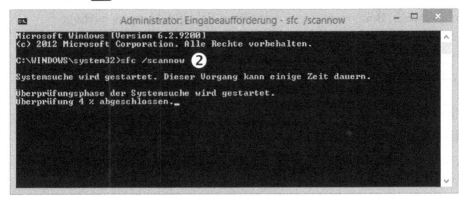

Starten Sie die Überprüfung der Systemdateien.

Unter Windows 7/Vista gehen Sie wie folgt vor

Unter Windows 7/Vista überprüfen Sie die Systemdateien wie folgt:

1. Klicken Sie dazu auf **Start – Alle Programme – Zubehör**.

2. Klicken Sie den ❶ Menüpunkt **Eingabeaufforderung** mit der
   rechten Maustaste an und wählen Sie aus dem Kontextmenü den
   Eintrag ❷ **Als Administrator ausführen**.

3. Geben Sie den Befehl **sfc /scannnow** <**Return**> ein. Eine Windows
   Installations-CD wird nicht benötigt. Die Überprüfung der
   geschützten Windows-Dateien dauert dann ca. 5 Minuten.

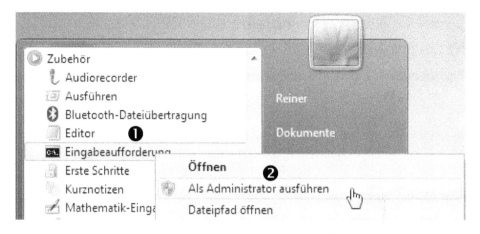

Starten Sie die Eingabeaufforderung unter Windows 7/Vista mit Administrator-Rechten.

Wenn Sie Windows XP einsetzen, führen Sie die folgenden Arbeitsschritte aus

1. Klicken Sie auf **Start – Ausführen...** und geben Sie den ❶ Befehl **sfc /scannnow** ⏎ ein.

2. Der Windows-Dateischutz wird gestartet und überprüft, ob alle geschützten Windows-Dateien intakt sind. Zum ordnungsgemäßen Ausführen ist unter XP eine Windows Installations-CD nötig.

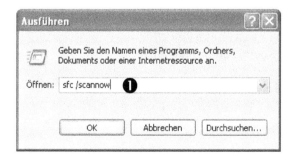

Überprüfen Sie die Windows-Systemdateien unter XP.

41

Lösen Sie Netzwerkprobleme unter Windows mit der Netzwerkdiagnose

Bei den meisten Problemen im Zusammenhang mit Netzwerkverbindungen sollten Sie zunächst das in Windows integrierte Netzwerkdiagnoseprogramm starten, um die Ursache des Problems zu identifizieren.

So lösen Sie Verbindungs-Störungen unter Windows 8

Wenn Sie Windows 8 einsetzen, folgen Sie der nachfolgenden Schritt-für-Schritt-Anleitung.

1. Drücken Sie die Tastenkombination <**WIN**>+<**X**> und wählen Sie den ❶ Eintrag **Systemsteuerung**.

Aktivieren Sie das abgespeckte Start-Menü von Windows 8.

2. Wählen Sie unter Anzeige den Eintrag **Kategorie**.

3. Klicken Sie auf **System und Sicherheit – Wartungscenter**.

4. Wählen Sie im unteren Fensterteil den Link **Problembehandlung**.

Fehlerlösungen mit Bordmitteln von Windows

5. Klicken Sie im folgenden Fenster unter **Netzwerk und Internet** auf den ❷ Link **Verbindung mit dem Netzwerk herstellen**.

6. Klicken Sie im nächsten Fenster auf **Weiter**. Nun sammelt die Netzwerkdiagnose Konfigurationsinformationen und führt eine automatische Fehlerbehebung für die Netzwerkverbindung durch.

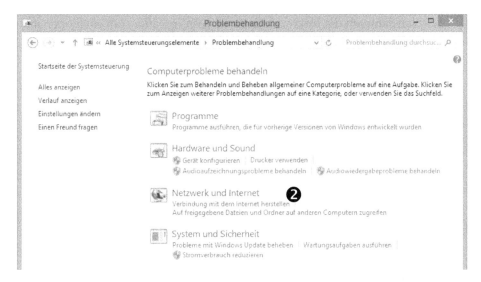

Mit der Netzwerkdiagnose finden Sie den Fehler schnell.

Gehen Sie unter Windows 7/Vista wie folgt vor

Unter Windows 7/Vista folgen Sie der nachfolgenden Schritt-für-Schritt-Anleitung.

1. Wenn Sie Windows 7 einsetzen, klicken Sie auf **Start – Systemsteuerung – System und Sicherheit – Wartungscenter**. Klicken Sie unter Vista auf **Start – Hilfe und Support**.

2. Klicken Sie auf den Link **Problembehandlung**.

3. Klicken Sie im folgenden Fenster unter **Netzwerk und Internet** (Windows 7) bzw. **Netzwerk** (Vista) den Link **Behandeln von Problemen mit Netzwerk- und Internetverbindungen** (Vista) bzw. **Verbindung mit dem Netzwerk herstellen** (Windows 7).

4. Wählen Sie die gewünschte ❸ Problembehandlung aus.

5. Nun sammelt die Netzwerkdiagnose Konfigurationsinformationen und führt eine automatische Fehlerbehebung für die Netzwerkverbindung durch.

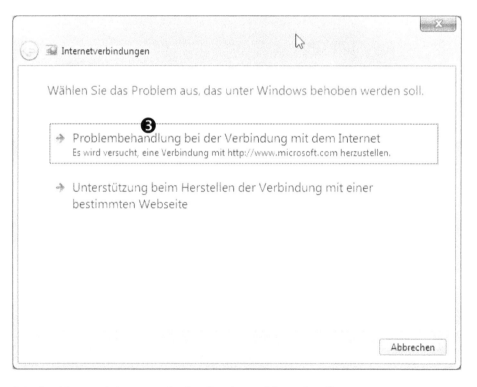

Mit der Netzwerkdiagnose finden Sie den Fehler schnell.

Wenn Sie Windows XP einsetzen, führen Sie die folgenden Arbeitsschritte aus

Bei den meisten Problemen im Zusammenhang mit Netzwerkverbindungen sollten Sie zunächst das in Windows XP integrierte Netzwerkdiagnoseprogramm starten, um die Ursache des Problems zu identifizieren.

So starten Sie die Netzwerkdiagnose:

1. Über **Start** gehen Sie auf **Hilfe und Support**.

2. Klicken Sie auf den ❹ Link **Tools zum Anzeigen von Computerinformationen und Ermitteln von Fehlerursachen verwenden**

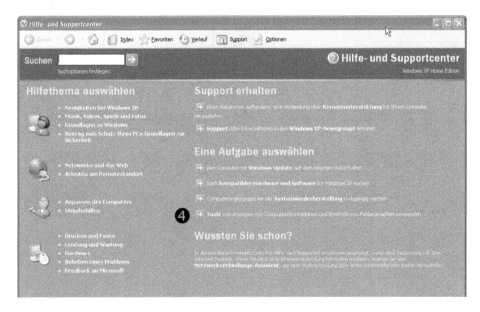

Analysieren Sie Verbindungsstörungen mit dem Hilfe und Supportcenter.

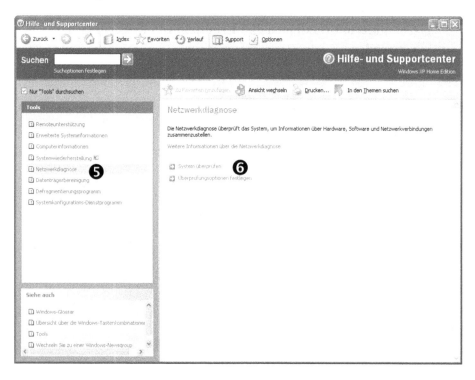

Fehlerlösungen mit Bordmitteln von Windows

3. Klicken Sie anschließend in der Liste auf der linken Seite auf ❺ **Netzwerkdiagnose**.

4. Wenn Sie auf ❻ **System überprüfen** klicken, sammelt die Netzwerkdiagnose Konfigurationsinformationen und führt eine automatische Fehlerbehebung für die Netzwerkverbindung durch.

5. Sobald der Prozess abgeschlossen ist, suchen Sie nach Elementen, die die rote Markierung **Fehlgeschlagen** aufweisen. Klicken Sie diese Kategorien an, um in den Details weitere Informationen zu den Testergebnissen zu erhalten.

Lassen Sie sich mögliche Fehler im Netzwerk anzeigen.

Testen Sie verschiedenen Startoptionen mit dem Systemkonfigurations-Programm

Wenn Sie beim Systemstart eine eindeutige Fehlermeldung erhalten, kennen Sie den Verursacher des Problems. Sofern dann der Start in den abgesicherten Modus noch möglich ist, können Sie die Systemstörung meist ganz einfach beheben. Oft reicht dazu schon die Aktualisierung eines Treibers.

Manchmal friert das System beim Start jedoch ein und Sie erhalten keine Anhaltspunkte über die Ursache. Dann müssen Sie zuerst herausfinden, wodurch der Fehler ausgelöst wurde. Führen Sie dazu verschiedene benutzerdefinierte Systemstarts mit dem Systemkonfigurations-Programm aus.

So geht's unter Windows 8

So führen Sie verschiedene benutzerdefinierte Systemstarts unter Windows 8 aus:

1. Drücken Sie die Tastenkombination **<WIN>+<R>**.

2. Geben Sie den Befehl **msconfig** ein und bestätigen Sie mit <**Return**>.

3. Aktivieren Sie auf dem ❶ Register **Allgemein** die ❷ Option **Benutzerdefinierter Systemstart** und wählen Sie aus, was beim Systemstart abgearbeitet werden soll.

4. Wenn bei den anschließenden Schritten der Fehler ausgelöst wird, wissen Sie, wo Sie suchen müssen. Tritt die Störung beispielsweise nach der Deaktivierung der ❸ Option **Systemstartelemente laden** auf, klicken Sie auf das Register **Systemstart** und auf den Link **Task-Manager öffnen**.

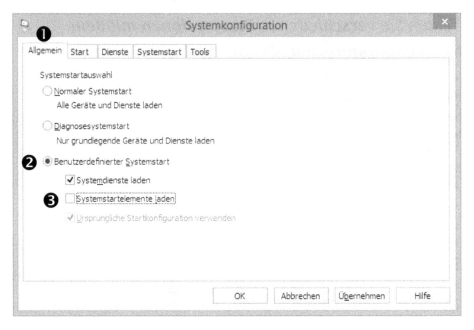

Bestimmen Sie, was beim Systemstart ausgeführt werden soll.

5. Deaktivieren Sie der Reihe nach die ❹ Programme, bis der Fehler nicht mehr auftritt.

Schalten Sie unter Windows 8 die Autostart-Programme im Task-Manager ab.

6. Wenn Sie den Fehler beseitigt haben, aktivieren Sie wieder die ❺ Option **Normaler Systemstart**.

48

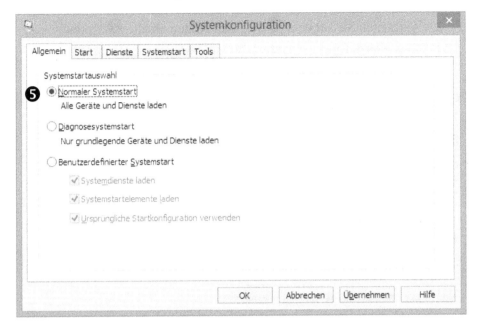

Lassen Sie Windows 8 wieder normal starten.

Tipp! Programme, die Windows beim Start automatisch lädt, aber von Ihnen dann nicht genutzt werden, sind überflüssig und verlangsamen die Boot-Zeit beträchtlich. Schauen Sie sich die Liste doch einmal näher an und deaktivieren Sie die überflüssigen Programme. Anschließend wird Ihr System schneller starten.

Gehen Sie unter Windows 7/Vista wie folgt vor

Wenn Sie Windows 7/Vista einsetzen, folgen Sie der nachfolgenden Schritt-für-Schritt-Anleitung:

1. Klicken Sie auf **Start – Alle Programme – Zubehör – Ausführen** und geben Sie **msconfig** ⏎ ein.

2. Aktivieren Sie auf dem ❻ Register **Allgemein** die ❼ Option **Benutzerdefinierter Systemstart** und wählen Sie aus, was beim Systemstart abgearbeitet werden soll.

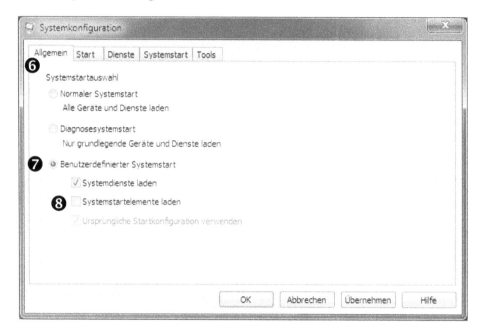

Wählen Sie die gewünschte Option aus.

3. Wenn bei den anschließenden Schritten der Fehler ausgelöst wird, wissen Sie, wo Sie suchen müssen. Tritt die Störung beispielsweise bei der ❽ Option **Systemstartelemente laden** auf, klicken Sie auf das ❾ Register **Systemstart** und ❿ deaktivieren der Reihe nach die aufgeführten Anwendungen und starten neu.

4. Wenn Sie den Fehler beseitigt haben, aktivieren Sie wieder die Option **Normaler Systemstart**.

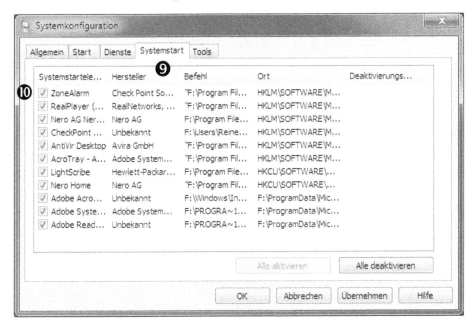

Auf die meisten Autostart-Programme können Sie verzichten.

Tipp! Unter Windows XP befindet sich der **Ausführen**-Dialog standardmäßig im Startmenü. Unter Windows 7 und Vista ist er hier leider verschwunden und nur über den längeren Weg **Start – Alle Programme – Zubehör – Ausführen** zu erreichen. So stellen Sie den Eintrag im Startmenü wieder her:

1. Klicken Sie mit der rechten Maustaste auf die Taskleiste und wählen Sie aus dem Kontextmenü den Eintrag **Eigenschaften** aus.

2. Klicken Sie auf das Register **Startmenü** und anschließend auf die ❶ Schaltfläche **Anpassen**.

3. Aktivieren Sie anschließend ganz oben in der Liste die ❷ Option **Befehl `Ausführen´**.

4. Jetzt wird der **Ausführen...**-Dialog auch in Windows7/Vista wie unter Windows XP im Startmenü angezeigt.

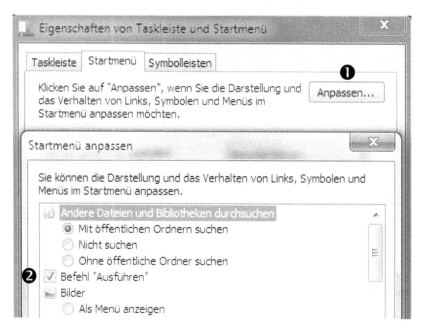

*Holen Sie sich den **Ausführen**-Dialog zurück.*

Wenn Sie Windows XP einsetzen, führen Sie die folgenden Arbeitsschritte aus

Mit dem in Windows XP integrierten Systemkonfigurationsprogramm lassen sich solche ungebetenen Freeloader wie folgt deaktivieren und später nach Bedarf auch wieder aktivieren:

1. Klicken Sie auf **Start – Ausführen...**.

2. In der **Öffnen**-Zeile tragen Sie **msconfig** ein und bestätigen die Eingabe mit **OK**.

3. Klicken Sie auf das ❸ Register **Systemstart**. Hier werden alle Elemente angezeigt, die beim Hochfahren von Windows automatisch geladen werden.

4. Deaktivieren Sie überflüssige Elemente durch ❹ Entfernen des Häkchens.

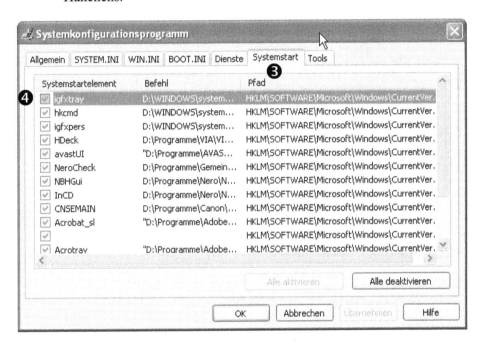

Beschleunigen Sie den Systemstart oder analysieren Sie fehlerhafte Autostart-Programme.

Tipp! Wenn Sie vermuten, dass eines der Programme beim Start die Stabilität des Systems beeinflusst, können Sie diese so genannten Autostart-Programme einfach deaktivieren. Drücken Sie dazu beim Neustart einfach die ⇧-Taste.

Sichern Sie das System-Passwort und setzen Sie ein vergessenes Kennwort wieder zurück

Niemand ist davor sicher, ein wichtiges Kennwort plötzlich zu vergessen. Erstellen Sie deshalb ein Kennwortrücksetzmedium. Windows 8/7/Vista und XP besitzen dafür eine nützliche Funktion, die es Ihnen erlaubt, ein vergessenes Kennwort wiederherzustellen.

So sichern Sie das System-Passwort unter Windows 8 und stellen Sie es im Notfall wieder her

Windows 8 beinhaltet eine bequeme Funktion, die es Ihnen erlaubt, Ihr Kennwort zu speichern und im Notfall wiederherzustellen.

1. Um das das System-Kennwort zu sichern, drücken Sie <**WIN**>+<**X**> und wählen aus dem Menü den Eintrag **Systemsteuerung**.

2. Geben Sie oben rechts im **Suchen**-Feld den ❶ Text **kennwort** ein.

3. Klicken Sie unter **Benutzerkonten** auf den ❷ Link
1. **Kennwortrücksetzdiskette erstellen**.

2. **Hinweis**: Für das Sichern brauchen Sie keine Diskette, die Sicherung erfolgt auf jeden gewünschten Datenträger.

3. Folgen Sie dann den ❸ Anweisungen des Assistenten.

Speichern Sie das System-Kennwort auf einen externen Datenträger.

Im Notfall setzen Sie das System-Passwort wie folgt zurück: Wenn Sie bei der Anmeldung ein falsches Kennwort eingeben, bekommen Sie einen entsprechenden Hinweis angezeigt.

Bestätigen Sie diesen mit einem Klick auf **OK**. Klicken dann auf **Kennwort zurücksetzen** und legen Sie den Kennwortrücksetzdatenträger ein. Den Rest erledigt wieder der Assistent und hilft Ihnen ein neues Kennwort zu erstellen.

Unter Windows 7/Vista gehen Sie wie folgt vor

Wenn Sie Windows 7 einsetzen, folgen Sie der nachfolgenden Schritt-für-Schritt-Anleitung:

1. Klicken Sie auf **Start – Systemsteuerung – Benutzerkonten und Jugendschutz – Benutzerkonten**. Drücken Sie unter Vista die Tastenkombination <**Strg**>+<**Alt**>+<**Entf**> und klicken Sie auf den Link **Kennwort ändern**.

2. Im folgenden Fenster klicken Sie auf den ❹ Link **Kennwortrücksetzdiskette erstellen**.

3. Klicken Sie unter Windows 7 auf **Weiter**, wählen Sie das Speichermedium aus und geben Sie das ❺ Kennwort ein. Wenn Sie Vista einsetzen, geben Sie das Kennwort ein und wählen im nächsten Schritt, wo die Datei abgelegt werden soll. Wenn Sie gerade keinen USB-Stick oder ein sonstiges Wechselmedium zur Hand haben, können Sie auch eine lokale Festplatte als Ziel angeben.

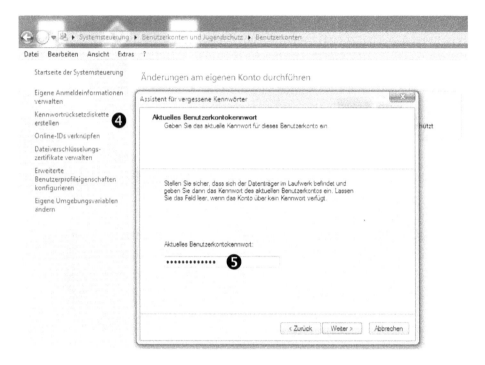

Speichern Sie sicherheitshalber das System-Passwort.

Wenn Sie Windows XP einsetzen, führen Sie die folgenden Arbeitsschritte aus

Unter Windows XP, gehen Sie wie folgt vor:

1. Klicken Sie auf **Start – Systemsteuerung** und anschließend die **Benutzerkonten**.

2. Klicken Sie auf **Konto ändern** und wählen Sie ggf. das betreffende Konto aus.

3. Unter **Verwandte Aufgaben** klicken Sie auf den ❻ Link **Vergessen von Kennwörtern verhindern**, um den Assistenten für vergessene Kennwörter zu starten.

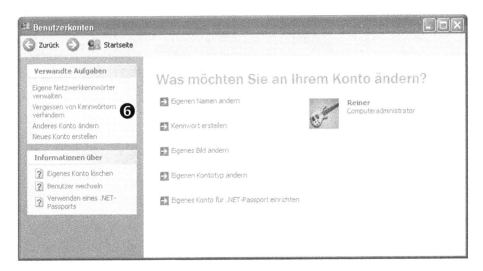

So sichern Sie das Kennwort unter Windows XP.

Schaffen Sie mehr Schutz durch aktuelle Sicherheitspatches

In regelmäßigen Abständen veröffentlicht Microsoft neue Treiber, Systemerweiterungen, Bugfixes und Security-Patches, die Sie über das Windows-Update automatisch installieren können. Das Windows-Update ist eine in Windows integrierte Funktion, um die neusten Updates für Windows und andere Microsoft-Produkte für Sie automatisiert zur Verfügung zu stellen.

1. Um die Einstellungen für das Windows 8/7-Update zu konfigurieren, klicken Sie in der **Systemsteuerung** auf **System und Sicherheit – Windows Update**. Klicken Sie im linken Bereich auf den Link **Einstellungen ändern**.

   Unter Windows XP klicken Sie auf **Start – Systemsteuerung – Sicherheitscenter** und auf den Link **Automatische Updates**.

2. Wenn Sie sich um die Updates gar nicht kümmern wollen, wählen Sie die ❶ Option **Updates automatisch installieren (empfohlen)**. Damit werden neue Updates automatisch herunter geladen und installiert.

Windows Update-Einstellungen auswählen

Wenn der PC online ist, kann von Windows automatisch nach wichtigen Updates gesucht und diese entsprechend diesen Einstellungen installiert werden. Wenn neue Updates verfügbar sind, haben Sie auch die Wahl, diese beim Herunterfahren des PCs zu installieren.

Wichtige Updates

Updates automatisch installieren (empfohlen)

Updates automatisch installieren (empfohlen)
Updates herunterladen, aber Installation manuell durchführen ❷
Nach Updates suchen, aber Zeitpunkt zum Herunterladen und Installieren manuell festlegen
Nie nach Updates suchen (nicht empfohlen)

Updates werden während der Anzeige des Wartungsfensters automatisch installiert.

Empfohlene Updates

☑ Empfohlene Updates auf die gleiche Weise wie wichtige Updates bereitstellen

Halten Sie Ihr System auf dem neuesten Stand.

Tipp! Empfehlenswert ist auch die ❷ Option **Updates herunterladen, aber Installation manuell durchführen**. Damit werden Sie über neue Updates informiert und bestimmen selbst, wann Sie diese installieren wollen.

Entfernen Sie bei Systemstörungen einen fehlerhaften Patch

Was können Sie tun, wenn ein Patch Ihr System stört? Eine Möglichkeit ist, dass Sie die Systemwiederherstellung benutzen. Der Nachteil dieser Methode: Auch alle anderen Änderungen seit dem Erstellen des Wiederherstellungs-punkts gehen verloren. Sie können den Patch aber auch ganz schnell mit diesen zwei Schritten deinstallieren:

1. Unter Windows 8 klicken Sie in der **Systemsteuerung** auf **Programme** und wählen den Link **Programme und Features**.

Fehlerlösungen mit Bordmitteln von Windows

Wenn Sie Windows 7 einsetzen, klicken Sie auf **Start –
Systemsteuerung – Programme –Programme und Funktionen**.

Unter Vista klicken Sie auf **Start – Systemsteuerung – Programme
und Funktionen**.

Bei Windows XP klicken Sie auf **Start – Systemsteuerung –
Software**.

2. Klicken Sie anschließend auf **Installierte Updates anzeigen** bzw.
   Updates anzeigen.

3. Scrollen Sie im Fenster ganz nach unten, wo Sie den zuletzt
   installieren Patch finden.

4. Klicken Sie auf das entsprechende ❸ Update und anschließend auf
   ❹ **Deinstallieren**.

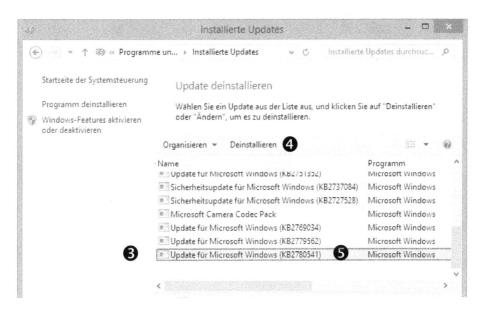

Hier werden Ihnen die installierten Patches und Updates angezeigt.

Tipp! Die Patches sind mit einer ❺ KB-Nummer gekennzeichnet. Mit dieser Nummer können Sie im ❻ Support-Center von Microsoft nach weiteren Hinweisen und Problemlösungen zu diesem Patch suchen. Sie finden Microsofts Datenbank für Problemlösungen hier: http://support.microsoft.com.

Lassen Sie sich weitere Infos zum Patch bzw. Update anzeigen.

Ordnen Sie Ihren Dateien das Standard-Programm zu

Dateien werden in Ordnern auf der Festplatte abgelegt. Die Bezeichung einer Datei besteht aus zwei Teilen: Dem Dateinamen und dem Dateisuffix (eine Kennung, bestehend aus drei Buchstaben, die mit einem Punkt vom Dateinamen getrennt ist). Anhand des Dateityps erfolgt die Zuordnung zu den entsprechenden Programmen. Wenn Sie beispielsweise im Windows-Explorer eine Datei doppelt anklicken, wird diese mit dem zugeordneten Programm sofort geöffnet.

Doch nach einem Programmwechsel kann sich die Zuordnung einer Dateierweiterung von einem Programm auf ein anderes ändern. Oder Sie erhalten gleich eine Fehlermeldung, dass für diese Datei kein passendes Programm gefunden wurde. Wenn eine Datei nicht mehr mit dem gewünschten Programm geöffnet wird, müssen Sie die fehlerhafte Dateizuordnung selber korrigieren:

1. Klicken Sie im Windows-Explorer mit der rechten Maustaste auf die Datei, deren Zuordnung Sie ändern möchten.

2. Wählen Sie im Kontextmenü den ❶ Eintrag **Öffnen mit**.

3. Klicken Sie auf den ❷ Eintrag **Standardprogramm auswählen** bzw. **Programm auswählen**.

4. Wählen Sie in der Liste das Programm, mit dem die Datei geöffnet werden soll.

    Wenn Sie Windows Vista einsetzen, klicken Sie zusätzlich im Bereich **Andere Programme** im rechten Fensterteil auf den kleinen Pfeil nach unten.

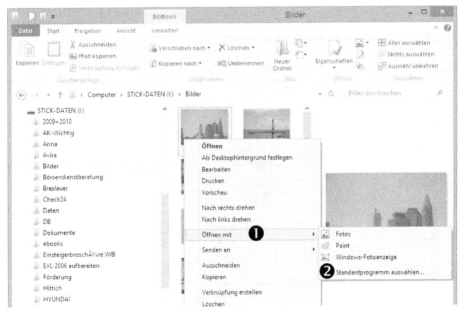

Aktivieren Sie die Dateitypzuordnung über das Kontextmenü.

5. Markieren Sie in der Auswahl die gewünschte ❸ Anwendung.

6. Soll die Datei fortan immer mit diesem Programm geöffnet werden, aktivieren Sie unter Windows 8 die ❹ Option **Diese App für alle Dateien verwenden**.

   Unter Windows 7/Vista/XP setzen Sie ein Häkchen bei **Dateityp immer mit dem ausgewählten Programm öffnen** und bestätigen Ihre Auswahl mit einem Klick auf die Schaltfläche **OK**.

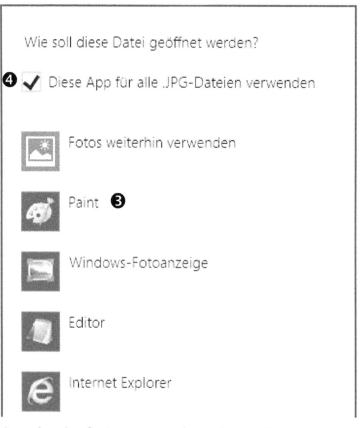

So ändern Sie die Dateitypzuordnung für Ihre Programme.

Registry-Troubleshooting

Die Registrierungsdatenbank (Registry) von Windows dient als zentrale Sammelstelle für alle systemspezifischen Einstellungen. Sie speichert die Informationen zu Hardware-Konfiguration, Einstellungen von Programmen sowie Benutzereinstellungen zu Desktop und Startmenü. Hier sind Sie also genau richtig, wenn Sie Windows individuell konfigurieren und hartnäckige Systemstörungen beseitigen möchten.

So starten Sie den Registrierungseditor

Um die in diesem Kapitel vorgestellten Registry-Einstellungen vorzunehmen, benötigen Sie den Registrierungseditor von Windows. Um den Start dieses Tools nicht bei jeder Registry-Einstellung immer wieder zu beschreiben, geschieht dies einmalig an dieser Stelle. Um den Registrierungseditor zu starten, gehen Sie folgendermaßen vor:

1. Drücken Sie <**WIN**>+<**R**>, um den **Ausführen**-Dialog anzuzeigen.

2. Geben Sie im Feld **Öffnen** den Befehl ❶ **regedit** ein und klicken Sie auf die Schaltfläche ❷ **OK**. Bestätigen Sie ggf. die Sicherheitsmeldung mit einem Klick auf **Ja**.

Starten Sie den Registrierungseditor über den Ausführen-Dialog.

Sicher ist sicher: Sichern Sie die Registry

Bevor Sie die nachfolgenden Registry-Einstellungen ausprobieren, sollten Sie Ihre Registry sichern. Keine Angst! Alle in diesem Kapitel aufgeführten Registry-Einstellungen sind ausführlich auf ihre Funktionen getestet. Aber sicher ist sicher – überlassen Sie nichts dem Zufall.

Starten Sie, wie auf der vorherigen Seite beschrieben, den Registrierungseditor und wählen Sie den Schlüssel aus, welchen Sie sichern möchten.

1. Klicken Sie jetzt im Menü auf ❶ **Datei** – **Exportieren** und vergeben Sie eine Bezeichnung für den Schlüssel.

2. Wählen Sie einen ❷ Speicherort für den Schlüssel und klicken Sie auf **Speichern**.

3. Um den Schlüssel im Bedarf wiederherzustellen, doppelklicken Sie auf die erstellte Datei und bestätigen die Sicherheitsabfrage mit einem Klick auf **Ja**.

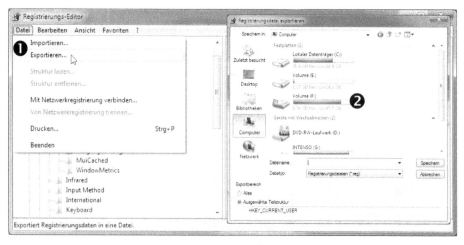

So sichern Sie einen einzelnen Registry-Schlüssel.

Beseitigen Sie Verzögerungen beim Programmstart

Wenn Programme erst nach einer kleinen Verzögerung starten, können Sie das mit einem Eingriff in der Registry ändern.

1. Wechseln Sie zum Schlüssel HKEY_CURRENT_USER\Software\ Microsoft\Windows\CurrentVersion\Explorer.

2. Legen Sie unter **Explorer** den Schlüssel **Serialize** an. Klicken Sie dazu auf **Explorer** und wählen **Bearbeiten – Neu – Schlüssel**.

3. Klicken Sie mit der rechten Maustaste in den rechten Fensterteil und wählen Sie aus dem Kontextmenü den Eintrag ❶ **Neu – DWORD-Wert (32-Bit)**.

4. Vergeben Sie für den Eintrag die Bezeichnung ❷ **StartupDelayInMSec** und belassen Sie den Wert auf **0**.

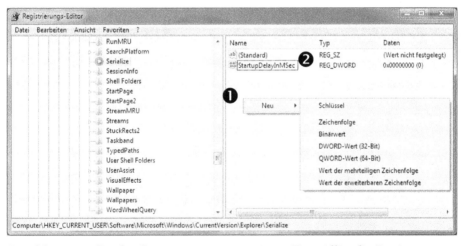

Beschleunigen Sie den Programmstart mit einem Eingriff in die Registry.

65

Lassen Sie nach der Installation das DVD-Laufwerk wieder anzeigen

Bei älteren DVD-Laufwerken kann es vorkommen, dass diese nach der Installation von Windows 7 nicht mehr angezeigt werden. Um das Problem zu beheben, gehen Sie wie folgt vor:

1. Wechseln Sie zum Schlüssel HKEY_LOCAL_Machine\SYSTEM\ CurrentControlSet\ Services\atapi\Controller0.

2. Wenn in der rechten Fensterhälfte der Eintrag ❶ **EnumDevice1** fehlt, legen Sie diesen neu an.

3. Weisen Sie dem Eintrag den ❷ Wert **1** zu und klicken Sie auf **OK**.

4. Starten Sie das System neu, jetzt sollten die DVD-Laufwerke wieder angezeigt werden.

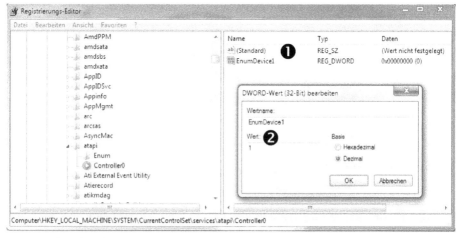

Binden Sie ältere ATAPI-Laufwerke in das Dateisystem ein.

Beseitigen Sie doppelte Links auf dem Desktop

Wenn Sie auf dem Desktop eine Verknüpfung anlegen, erscheint diese manchmal in zweifacher Ausführung. Sie sehen dann zwei Icons mit identischem Namen. Dahinter stehen aber offensichtlich nicht zwei verschiedene Dateien. Denn wenn Sie in den Eigenschaften nachsehen, zeigen dort beide Links den gleichen Pfad. Außerdem verschwinden die Verknüpfungen auch wieder paarweise, wenn Sie nur eine von beiden löschen. So korrigieren Sie das Problem:

1. Navigieren Sie zum Schlüssel HKEY_LOCAL_MACHINE\SOFTWARE\ Microsoft\Windows\CurrentVersion\Explorer\UserShell Folders.

2. Doppelklicken Sie im rechten Fensterteil auf den Eintrag ❶ **Common Desktop** und weisen ihm den Wert ❷ **%PUBLIC%\Desktop** zu.

3. Starten Sie Ihr System neu, damit für eine Verknüpfung nunmehr ein Icon angezeigt wird.

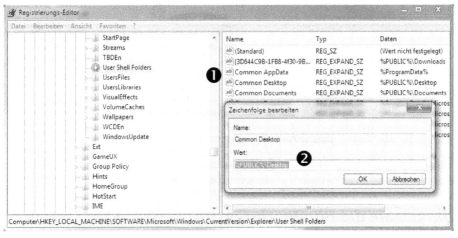

So lösen Sie das Desktop-Chaos mit den doppelten Icons.

Schotten Sie die Explorer-Fenster voneinander ab

Wenn Sie im Windows- oder im Internet Explorer mehrere Fenster geöffnet haben und der Explorer dann abstürzt, werden auch die Fenster geschlossen. Das können Sie verhindern, wenn Sie jedem Explorer-Fenster einen eigenen Prozess zuordnen. So aktivieren Sie die Funktion:

Registry-Troubleshooting

1. Wechseln Sie zum Schlüssel ❶ HKEY_CURRENT_USER\Software\ Microsoft\Windows\ CurrentVersion\Explorer\Advanced.

2. Erstellen Sie den Eintrag ❷ **SeparateProcess** (DWORD-Wert), wenn dieser noch nicht vorhanden ist. Weisen Sie ihm den Wert **1** zu.

3. Bei einem Absturz wird dann nur noch das betreffende Explorer-Fenster geschlossen.

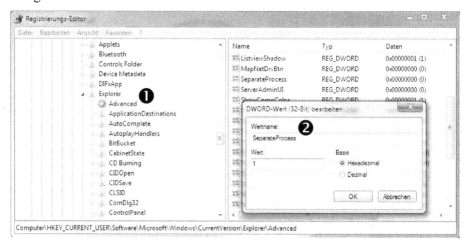

Teilen Sie Windows- und Internet Explorer einen eigenen Prozess zu.

Tipp! Setzen Sie den Wert auf **0** oder löschen Sie den Wert einfach, wenn Sie eine Änderung in der Registry wieder auf die Voreinstellung setzen möchten.

Binden Sie die Bluetooth-Geräte wieder in Ihr System ein

Unter Windows 7 kann es Probleme mit Ihren Bluetooth-Geräten geben. Entweder werden sie nicht korrekt erkannt, Dienste funktionieren nicht oder Sie können keine Verbindung zu den Geräten herstellen. So schaffen Sie Abhilfe:

1. Wechseln Sie zum Schlüssel ❶ HKEY_LOCAL_MACHINE\SYSTEM\ CurrentControlSet\Control\Class\{e0cbf06c-cd8b-4647-bb8a-263b43f0f974}.

2. Klicken Sie den Eintrag mit der rechten Maustaste an und ❷ löschen Sie ihn.

Löschen Sie den Bluetooth-Eintrag in der Registry.

3. Starten Sie den Geräte-Manager: <**WIN**>+<**Pause**> und klicken Sie auf **Geräte-Manager**.

4. Markieren Sie den Bluetooth-Eintrag des betreffenden Geräts und löschen Sie diesen.

5. Wählen Sie ❸ **Aktion – Nach geänderter Hardware suchen** und installieren Sie den Bluetooth-Treiber neu.

Entfernen und installieren Sie den Bluetooth-Treiber neu.

69

Reparieren Sie die umgeleitete Startseite im Internet Explorer

Die Manipulation des Internet Explorer erfreut sich wachsender Beliebtheit bei Anbietern von meist unseriösen Angeboten. Nach dem Besuch einer Seite wird diese dann ohne Nachfrage einfach als Startseite eingetragen. Durch einen Klick auf **Extras – Internetoptionen** im Internet Explorer, können Sie die gewünschte Website im Bereich Startseite zwar schnell wieder herstellen. Manchmal ist diese Funktion aber blockiert worden.

Um die Standardseite wiederherzustellen, müssen Sie dann einige Schlüssel aus der Registry entfernen:

1. Wechseln Sie zum Schlüssel HKEY_CURRENT_USER\Software\ Microsoft\Internet Explorer\Main.

2. Suchen Sie im rechten Fenster die Einträge ❶ **Search Bar**, **Search Page** und **Start Page**.

3. Falls vorhanden, klicken Sie mit der rechten Maustaste auf die Einträge und ❷ löschen diese. Es müssen nicht alle der obigen Einträge vorhanden sein. Löschen Sie einfach die, die vorhanden sind.

4. Dadurch wird die gewohnte Startseite und die Einstell-Funktion im Bereich **Startseite** wieder aktiviert.

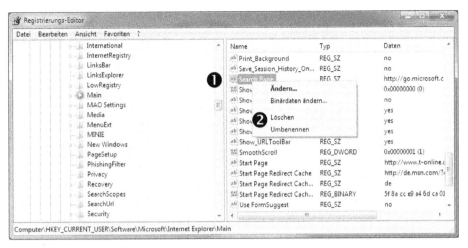

Stellen Sie die gewohnte Startseite wieder her.

So lassen sich Ihre Anwendungen wieder installieren

Wenn bei der Installation einer Anwendung die Installations-Routine plötzlich einfriert, liegt das meist an einer fehlerhaften Einstellung in der Registry. So berichtigen Sie die Einstellung und bringen den Windows-Installer wieder zum Laufen:

1. Wechseln Sie zum Schlüssel ❶ HKEY_CURRENT_USER\Software\ Microsoft\Windows\CurrentVersion\Explorer\Shell Folders.

2. Doppelklicken Sie auf den Eintrag **Recent** und tragen Sie hier den Pfad ❷ C:\Users\<*Benutzername*>\AppData\Roaming\ Microsoft\Windows\ Recent ein. Der Eintrag <*Benutzername*> steht für den aktuell angemeldeten Anwender am System.

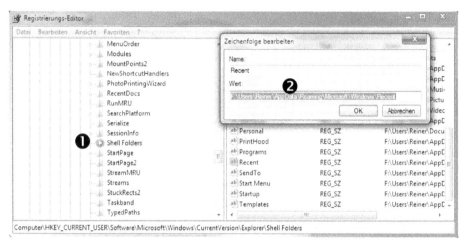

Reparieren Sie den Windows Installer durch einen kleinen Eingriff in die Registry.

Beseitigen Sie DLL-Fehler und ordnen Sie einem Programm die richtigen DLLs zu

DLLs haben viele Vorteile: Mehrere Programme können eine gemeinsame DLL verwenden. Das spart zum einen erheblich Speicherplatz, zum anderen werden die ausführbaren Programme durch die Anbindung der DLL-Routinen zur Laufzeit erheblich kleiner. Das wiederum wirkt sich positiv auf die Verteilung und die Ladezeit aus. Darüber hinaus tragen die DLLs auch zur Standardisierung bei. So wird beispielsweise von fast allen Programmen zur Auswahl von Dateien immer der gleiche Microsoft-Standarddialog verwendet.

Der Nachteil: Durch eine immer noch nicht ausgereifte und unzureichende Versionsverwaltung können falsche oder fehlerhafte DLLs Programmabstürze verursachen oder sogar Ihr System lahmlegen.

Anwendungsspezifische DLLs sollten normalerweise im Ordner des jeweiligen Programms gespeichert sein. Das ist jedoch leider nicht immer der Fall. Denn manche Programmierer speichern ihre DLLs einfach im Windows-Systemordner. Wenn dort bereits eine DLL mit demselben Namen existiert und die Installationsroutine diesen Fall nicht abfragt, wird diese DLL einfach überschrieben. Andere Entwickler liefern bestimmte Versionen der verwendeten System-DLLs mit der Installationsroutine aus und legen diese DLLs redundant im Programmordner ab, was auch nicht Sinn der Sache ist.

Beim Laden einer Anwendung kann es dann zum Zugriff auf eine gleichnamige, jedoch nicht zur Anwendung gehörende, DLL kommen. Denn die benötigte DLL wird zuerst immer im jeweiligen Programmordner gesucht und von dort geladen.

Ist die DLL dort nicht zu finden, wird sie in den Windows-System-Ordnern **\WINDOWS\system** bzw. **\WINDOWS\system32** und danach im Ordner **\WINDOWS** gesucht und ggf. von dort aus gestartet. Wurde die DLL bereits von einem anderen Programm angefordert und befindet sich noch im Speicher, wird jedoch auf die im Speicher befindliche DLL zugegriffen. Damit ist jedoch nicht sichergestellt, dass es sich um die richtige DLL handelt. Den Zugriff auf die falsche DLL allerdings quittiert das jeweilige Programm mit einer Fehlermeldung oder stürzt komplett ab.

Um diese Probleme zu vermeiden, können Sie unter Windows jedem Programm einen Pfad zu den dazugehörenden DLLs zuordnen. Das ist praktisch, denn häufig verwenden Programme zwar dieselben DLLs, funktionieren aber nur mit unterschiedlichen Versionen dieser DLLs.

Mit der nachfolgenden Registry-Einstellung können Sie von DLLs verschiedene Versionen auf Ihren Systemen bereitstellen, damit diese sich nicht „ins Gehege" kommen:

1. Wechseln Sie zum Schlüssel ❶ HKEY_LOCAL_MACHINE\ SOFTWARE\Microsoft\Windows\ CurrentVersion\App Paths.

2. Unter diesem Schlüssel finden Sie die ❷ Programmnamen und im rechten Fensterteil den Pfad zum jeweiligen Programm bzw. die Pfade zu den dazugehörigen DLLs.

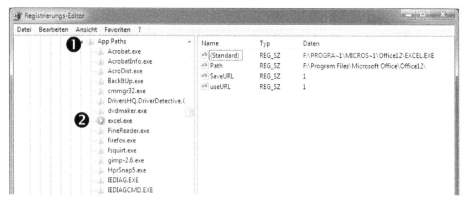

Hier finden Sie Angaben zur DLL und Programm.

Eintrag	Erklärung
Standard	Beinhaltet den Pfad und den Namen zum Programm.
Path	Enthält den Pfad oder, durch Semikolon getrennt, die Pfade zu den benötigten DLLs.

Hier finden Sie die zum Programm gehörenden DLLs.

Tipp! Sollte der Schlüssel für das jeweilige Programm fehlen, legen Sie ihn mit dem Namen der EXE-Datei neu an: **Bearbeiten – Neu – Schlüssel**. Geben Sie anschließend unter dem Eintrag (Standard) den Namen des ausführbaren Programms mit vollständiger Pfadangabe an. Erstellen Sie nun mit **Neu – Zeichenfolge** einen neuen Eintrag **Path** und geben Sie hier den Pfad zu den dazugehörenden DLLs an. Sie können hierbei auch mehrere Pfade, getrennt durch Semikolon, angeben.

So entfernen Sie gelöschte Programme aus der Softwareliste

In der Systemsteuerung werden Ihnen unter **Programme** alle ❶ installierten Anwendungen angezeigt.

Registry-Troubleshooting

Name	Herausgeber	Installiert am
Adobe Acrobat 8 Standard - English, Français, Deutsch	Adobe Systems	26.11.2009
Adobe Flash Player 11 ActiveX	Adobe Systems Incorporated	12.08.2013
Adobe InDesign 2.0	Adobe Systems, Inc.	26.11.2009
Adobe SVG Viewer 3.0 ❶	Adobe Systems, Inc.	26.11.2009
ATI Catalyst Install Manager	ATI Technologies, Inc.	01.04.2010

In der Systemsteuerung finden Sie die installierten Programme.

Ist die Deinstallation eines Programms nicht ordnungsgemäß erfolgt, kann es sein, dass Windows die Anwendung dort immer noch aufführt, obwohl sie nicht mehr vorhanden ist.

Das kann passieren, wenn Sie die Dateien einer Anwendung über den Explorer gelöscht haben oder die Deinstallationsroutine mit einem Fehler abgebrochen wurde. Einen solchen fehlerhaften Software-Eintrag können Sie aber durch einen kleinen Eingriff in der Registry schnell entfernen:

1. Navigieren Sie zum Schlüssel HKEY_LOCAL_MACHINE\SOFTWARE\Microsoft\Windows\CurrentVersion\Uninstall.

2. Jeder Unterschlüssel steht hier für ein Programm, das in der Systemsteuerung unter Programme angezeigt wird.

3. Suchen Sie nach dem Namen der Anwendung und klicken Sie darauf.

4. Meist trägt der jeweilige ❷ Unterschlüssel den gleichen Namen wie der Eintrag in der Softwareliste.

5. Um ganz sicher zu gehen, doppelklicken Sie im rechten Fenster auf den Eintrag **DisplayName**. Dieser enthält exakt die Bezeichnung der Anwendung, die in der Programmliste angezeigt wird.

6. Nachdem Sie en korrekten Registrierungsschlüssel für das Programm identifiziert haben, klicken Sie ihn mit der rechten Maustaste an. Anschließend klicken Sie im Kontextmenü auf den Eintrag ❸ **Löschen**.

7. Vergewissern Sie sich, dass die Anwendung unter Programme in der Systemsteuerung nicht mehr angezeigt wird.

75

Registry-Troubleshooting

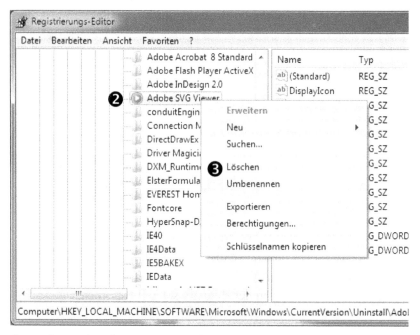

So entfernen Sie die Einträge in der Programmliste manuell.

Profi-Tools zur Fehleranalyse und Datenrettung

Die Suche nach Konfigurations- oder Hardware-Fehlern ist oft eine komplexe und zeitraubende Angelegenheit, die Sie ohne Analyse-Tools kaum bewerkstelligen können. Falls Ihr PC noch startet, können Sie die Tools auf den nachfolgenden Seiten zur wirksamen Fehler-Analyse und Datenrettung einsetzen.

Und das Beste: Gute Analyse-, Reparatur- und Datenrettungs-Tools müssen nicht teuer sein. Alle nachfolgend vorgestellten Werkzeuge sind Freeware und kosten Sie daher nichts. Dabei stehen diese Programme den meisten teuren Vollversionen in nichts nach.

So holen Sie gelöschte Dateien aus dem Papierkorb

Ein Klick mit der Taste <**Entf**> und die markierte Datei im Windows-Explorer oder im Datei-Menü eines Programms wird gelöscht und in den Papierkorb von Windows verschoben. Aus dem Papierkorb können Sie die verschobenen Dateien problemlos wiederherstellen oder sie auch endgültig löschen:

1. Um eine Datei aus dem Papierkorb wiederherzustellen, klicken Sie das Symbol **Papierkorb** auf dem Desktop zweimal kurz hintereinander mit der Maus an.

2. Markieren Sie die gewünschte ❶ Datei oder Dateigruppe.

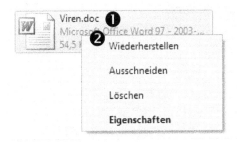

So stellen Sie gelöschte Dateien aus dem Papierkorb wieder her.

3. Klicken Sie das betreffende Objekt mit der rechten Maustaste an und wählen Sie aus dem Kontextmenü den Eintrag ❷ **Wiederherstellen**.

Tipp! Sollte bei der Arbeit mit Dateien, beispielsweise mit dem Windows-Explorer mal etwas „schief gehen" – kein Grund zur Besorgnis. Fast alle Windows-Tools und -Programme sind mit einer UNDO-Funktion ausgestattet, mit der sich sämtliche durchgeführten Operationen in mehreren Stufen rückgängig machen lassen.

Mehrere Stufen bedeutet: Wenn Sie beispielsweise zuerst eine Datei gelöscht und dann eine weitere Datei in einen anderen Ordner verschoben haben, müssten Sie die Schaltfläche **Rückgängig** zweimal betätigen, um die Lösch- und die Verschiebeoperation rückgängig zu machen. Durch das Drücken von <**Strg**>+<**Z**> wird die UNDO-Funktion in fast allen Windows-Tools und -Programmen ausgelöst.

Gelöschte Dateien sind noch auf der Festplatte vorhanden

Ist eine gelöschte Datei auch aus dem Papierkorb entfernt worden, kann sie mit den Bordmitteln von Windows nicht wiederhergestellt werden. Sie müssen diese Datei dennoch nicht verloren geben. Es gibt Hilfsprogramme, die gelöschte Dateien rekonstruieren können.

Diese Programme machen sich zunutze, wie Windows Dateien löscht. Beim Löschen bleiben die Daten, die in dieser Datei gespeichert sind, zunächst erhalten. Windows markiert lediglich den Speicherplatz, den die gelöschte Datei belegt, als frei. Solange dieser Speicherplatz nicht durch neue Daten überschrieben wurde, lässt sich die gelöschte Datei wiederherstellen.

Wie sicher sich endgültig gelöschte Dateien wiederherstellen lassen, hängt von verschiedenen Faktoren ab:

- Wie viel Zeit ist seit dem Löschen vergangen? Je länger das Löschdatum zurückliegt, desto wahrscheinlicher hat Windows den Speicherplatz bereits anderweitig vergeben und die Daten sind unwiederbringlich verloren.

- Wie groß ist die wiederherzustellende Datei? Die Rettungsaussichten sind bei kleinen Dateien wesentlich besser als bei großen Dateien.

- Haben Sie nach dem Löschen der Datei eine Defragmentierung gestartet? Dann sind Sektoren der gelöschten Datei womöglich verschoben worden und nicht mehr zu retten.

Retten Sie gelöschte Daten mit Recuva

Haben Sie wichtige Dateien aus Versehen gelöscht und den Papierkorb bereits geleert, kann sie in dieser Situation das Datenrettungs-Tool **Recuva** (www.piriform.com/recuva) retten.

Die Wiederherstellung funktioniert mit Medien aller Art, ob MP3-Player, USB Stick, Memory Card oder Festplatte. Dazu durchsucht das Tool nach dem Starten des Programms voreingestellt das Laufwerk C:.

Um gelöschte Dateien wiederherzustellen, gehen Sie wie folgt vor:

1. Folgen Sie nach dem Start dem Assistenten mit einem Klick auf **Weiter**.

2. Wählen Sie die ❶ gelöschten Dateien aus, welche Sie wiederherstellen möchten. Die mit einem grünen Punkt gekennzeichneten Dateien, können ohne Probleme wiederhergestellt werden. Ein roter Punkt deutet auf teilweises Überschreiben der Datei hin.

3. Betätigen Sie die Schaltfläche ❷ **Wiederherstellen**, um die Dateien anschließend im ❸ ausgewählten Ordner zu speichern.

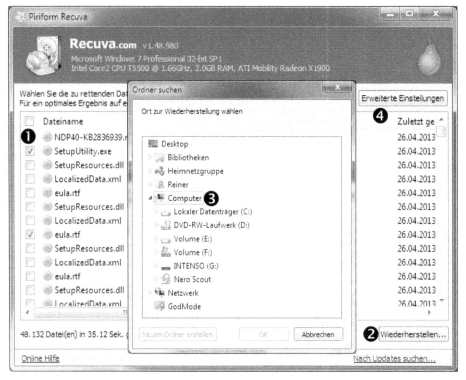

Stellen Sie gelöschte Dateien mit wenigen Mausklicks wieder her.

Tipp! Um das Laufwerk selbst auszuwählen, auf dem sich die gelöschten Dateien befinden, klicken Sie auf die Schaltfläche ❹ **Erweiterte Einstellungen**. Klicken Sie oben in der Leiste auf das entsprechende Laufwerk und auf **Scan**.

Hinweis: Installieren Sie nach einem Datenverlust kein Programm auf dem Datenträger, wo sich die gelöschten Dateien befi den. Das Datenrettungs-Tool sollten Sie am besten schon vor der Wiederherstellung Ihrer Daten installieren. Dadurch reduzieren Sie die Gefahr, dass Daten durch die Installation des Programms selbst überschrieben werden.

Setzen Sie im Notfall einen zweiten Datenretter ein

Falls **Recuva** die gelöschte Datei nicht anzeigt, sollten Sie das Tool **Directory Snoop** (www.briggsoft.com/dsnoop.htm) einsetzen. Das Rettungs-Programm stellt wie **Recuva** Daten wieder her, die von der Festplatte gelöscht wurden – sei es irrtümlich oder infolge eines Virenbefalls, einer Deinstallations-Routine oder fehlerhafter Software.

Das Tool kann NTFS- und FAT-Dateisysteme bearbeiten. In NTFS sind die meisten Windows-Laufwerke formatiert. Das FAT-Dateisystem ist auf USB-Sticks bzw. Einsteckkarten für Digitalkameras üblich. Im nachfolgenden Beispiel soll eine Datei gerettet werden, die versehentlich auf einem Windows-Laufwerk (NTFS) gelöscht wurde.

Um die Daten mit diesem Programm zu rekonstruieren, gehen Sie wie folgt vor:

1. Doppelklicken Sie auf das Desktop-Symbol **DS-NTFS** oder aktivieren Sie das Programm über den Startknopf durch einen Klick auf **NTFS Modules**.

2. Klicken Sie auf **OK**, damit können Sie das Programm 25-mal kostenlos benutzen.

3. Wählen Sie das ❶ Laufwerk aus, auf dem sich Ihre gelöschten Dateien befinden. Installieren Sie dafür ggf. im nächsten Fenster den angebotenen Treiber.

4. Doppelklicken Sie auf den Ordner, der die gelöschten Dateien enthält. Alle gelöschten Dateien werden in roter Farbe angezeigt.

5. Um die Dateien wiederherzustellen, ❷ markieren Sie diese und klicken auf die Schaltfläche ❸ **Undelete**.

6. Wählen Sie den Ordner aus, in dem die ausgewählten Dateien gespeichert werden sollen, und klicken Sie auf **Speichern**.

Profi-Tools zur Fehleranalyse und Datenrettung

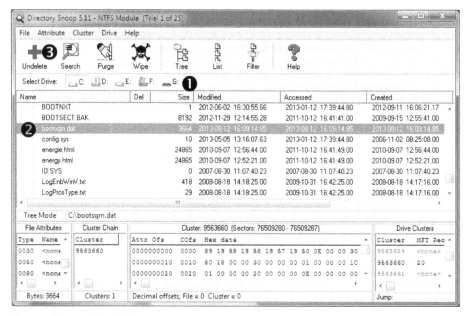

Setzen Sie im Notfall einen zweiten Datenretter ein.

Wie Sie mit TestDisk eine Partition wiederherstellen

Wenn ein logisches Laufwerk nach einem Systemcrash oder durch einen Virus plötzlich nicht mehr angezeigt wird, stellen Sie es mit **TestDisk** (www.cgsecurity.org) wie folgt wieder her:

1. Klicken Sie auf **Create** und drücken Sie <**Return**>.

2. Wählen Sie die ❶ Festplatte aus und drücken Sie <**Return**>.

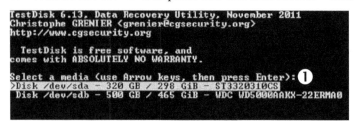

Bestimmen Sie das Laufwerk, das durchsucht werden soll.

82

Profi-Tools zur Fehleranalyse und Datenrettung

Hinweis: Da das Tool OpenSource ist und daher nicht nur für Windows entwickelt wird, werden die Festplattenbezeichnungen entsprechend der Linux-Darstellung angezeigt. Die erste Festplatte wird mit **sda** bezeichnet, die zweite mit **sdb** usw.

3. Wählen Sie im zweiten Schritt die Rechnerarchitektur aus. Wenn Sie einen Windows-Rechner einsetzen, behalten Sie die voreingestellte Option **Intel** bei und drücken <**Return**>.

4. Drücken Sie erneut <**Return**>, um die Option **Analyse** auszuwählen.

5. Anschließend drücken Sie wieder <**Return**>, um das nächste Bildschirm-Menü anzuzeigen.

6. Drücken Sie die Taste <**Y**>. Anschließend werden Ihnen alle ❷ gefundenen Partitionen und logischen Laufwerke auf der betreffenden Festplatte angezeigt, auch die gelöschten. Das reicht bei Fehlern im MBR und der Partitionstabelle oft schon aus, um die Partition bzw. das logische Laufwerk wiederherzustellen.

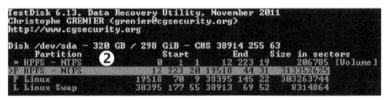

Wird die gelöschte Partition bzw. das logische Laufwerk hier angezeigt, wird es automatisch wiederhergestellt.

7. Wechseln Sie mit einem Druck auf <**Q**> für **Quit** in die Übersicht.

8. Wählen Sie durch das Drücken der Pfeiltaste nach rechts die Option **Write** aus und drücken Sie <**Return**>.

9. Bestätigen Sie mit <**Y**> den Sicherheitshinweis, dass die Partitionstabelle neu geschrieben wird.

10. Anschließend wählen Sie zweimal hintereinander die Option **Quit** aus und starten Ihr System neu. Die gelöschte Partition ist anschließend wiederhergestellt.

Schützen Sie sich gegen den Daten-GAU bei unlesbaren CDs/DVDs

Auch an digitalen Datenträgern wie DVDs und CDs nagt irgendwann der Zahn der Zeit, was dazu führt, dass diese nur noch teilweise oder gar nicht mehr gelesen werden können. Aber nicht nur materialbedingte Alterung, sondern auch falsche Lagerung und unsachgemäßer bzw. starker Gebrauch können dazu beitragen, dass Sie plötzlich nicht mehr auf Ihre auf CD/DVD gespeicherten Daten zugreifen können.

Wenn Sie schon vor dem Auftreten derartiger Schäden auf Nummer sicher gehen möchten, sollten Sie mit dem **dvdisaster** (http://dvdisaster.net/en/index.html) eine Fehlerkorrekturdatei anlegen. Mit dieser können Sie Ihre wertvollen Daten im Schadensfall ruckzuck rekonstruieren und auf einem neuen Datenträger sichern.

Die Fehlerkorrekturdatei können Sie getrennt vom jeweiligen Datenträger aufbewahren oder mit auf den entsprechenden Rohling brennen. Anhand dieser Zusatzinformationen kann **dvdisaster** in den meisten Fällen die Daten von defekten CDs/DVDs wiederherstellen. Ausgenommen sind Video-CDs/DVDs, diese können mit dem Tool nicht gerettet werden.

Um mit **dvdisaster** eine Fehlerkorrekturdatei anzulegen, gehen Sie folgendermaßen vor:

1. Legen Sie nach dem Start des Programms die CD/DVD in das Laufwerk ein, von der Sie eine Fehlerkorrekturdatei erstellen wollen.

2. Wählen Sie ❶ hier das Laufwerk aus, das die CD/DVD enthält.

3. Klicken Sie auf diese ❷ Schaltfläche, um den Ordner für die Fehlerkorrekturdatei auszuwählen. Sie können es aber auch hier bei den Standardeinstellungen belassen.

4. Klicken Sie dann auf die Schaltfläche ❸ **Lesen**, um eine Image-Datei von der CD/DVD anzulegen.

5. Ob das Auslesen der Daten erfolgreich war, wird Ihnen ❹ hier angezeigt. Ist alles im „grünen Bereich", dann konnte die CD/DVD vollständig gelesen werden. Rote Markierungen zeigen Ihnen Schäden an der CD/DVD an.

6. Klicken Sie nun auf ❺ **Erzeugen**, um die Fehlerkorrekturdatei anzulegen.

7. Anschließend werden Sie über den Fortschritt der Aktion informiert.

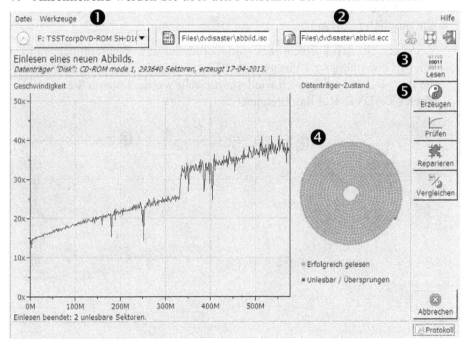

Erstellen Sie eine Fehlerkorrekturdatei – bevor ein Schaden an der CD/ DVD auftritt.

Tipp! Die Fehlerkorrekturdatei benötigt ungefähr 15 % des Speicherplatzes der Originaldatei, also bei einer CD um die 100 MByte und bei einer DVD zirka 700 MByte. Diese Größenordnung ist natürlich nicht unerheblich, lohnt sich aber bei wichtigen Daten auf jeden Fall.

Profi-Tools zur Fehleranalyse und Datenrettung

Im Fehlerfall erstellen Sie mithilfe der Fehlerkorrekturdatei und der beschädigten CD/DVD dann eine korrekte Image-Datei, die Sie anschließend auf CD/DVD brennen können:

1. Falls die Wiederherstellung notwendig wird, legen Sie die beschädigte CD/DVD ein und wählen ggf. den ❻ Speicherort und den Namen der Fehlerkorrekturdatei aus.

2. Klicken Sie auf ❼ **Reparieren**. Das Tool versucht nun, so viele Daten wie möglich zu erkennen.

3. Verfolgen Sie den Fortschritt der Wiederherstellung. Während der Wiederherstellung sind Phasen hoher Festplattenaktivität normal. Wenn die Image-Datei erfolgreich wiederhergestellt wurde, können Sie diese auf einen CD-/DVD-Rohling brennen.

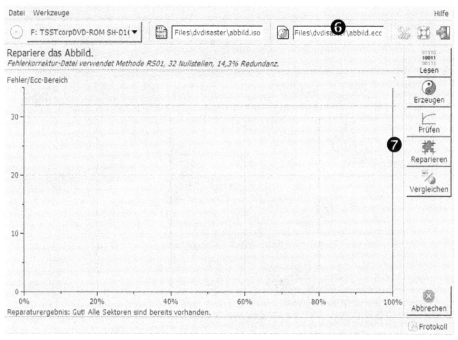

Stellen Sie beschädigte CDs/DVDs mit nur einem Mausklick wieder her.

Profi-Tools zur Fehleranalyse und Datenrettung

Tipp! Selbst ohne die vorbeugende Anlage einer Fehlerkorrekturdatei kann **dvdisaster** die Daten einer defekten CD/DVD oftmals zumindest noch teilweise retten. Anhand eines speziellen Algorithmus versucht das Programm in einem derartigen Fall, so viele Daten wie möglich von einem defekten Datenträger zu lesen. Nicht mehr lesbare Sektoren sind allerdings verloren.

Außerdem lohnt es sich bei leicht beschädigten CDs/ DVDs immer, diese in verschiedenen Laufwerken auszutesten, bevor diese endgültig im Papierkorb landen. Denn für das korrekte Einlesen eines Datenträgers sind auch die Fehlerkorrekturqualitäten des jeweiligen Laufwerks wichtig.

Manche Laufwerke kommen mit Kratzern gut zurecht. Andere sind Spezialisten darin, schlecht gebrannte Medien zu entziffern, und wieder andere verstehen sich besonders gut auf beschädigte Audio-CDs. Oft ist es auch wesentlich effizienter, Brennerlaufwerke zu verwenden statt reine Lesegeräte. Brennerlaufwerke haben nämlich eine bessere Fehlerkorrektur und können so manche beschädigte CD/DVD doch noch lesen. Es lohnt sich in der Regel auf jeden Fall, alle zur Verfügung stehenden Laufwerke durchzuprobieren.

Erst wenn Sie alle Möglichkeiten ausgeschöpft haben, um die Daten auf einer beschädigten CD/DVD zu retten, sollten Sie daran gehen, die CD/DVD zu putzen und zu polieren. Denn dabei besteht immer die Gefahr, neue Schäden zu verursachen.

Hinweis: Beachten Sie generell, dass CD-/DVD-Rohlinge erheblich empfindlicher sind als die Originalmedien aus dem Presswerk. Lassen Sie daher Ihre „Selbstgebrannten" niemals längere Zeit offen im Sonnenlicht liegen und legen Sie diese Medien nicht auf der empfindlichen Schreib-/Leseseite ab.

Retten Sie Ihre archivierten Daten von beschädigten CDs/DVDs

Nicht nur Kratzer führen dazu, dass sich DVDs und CDs irgendwann nicht mehr fehlerfrei auslesen lassen. Auch der Zahn der Zeit nagt an diesen Medien. Treten dann irgendwann Lesefehler auf, gilt es, einen kühlen Kopf zu bewahren. Mit ein paar Tricks und dem Rettungs-Tool **IsoBuster** (www.isobuster.com/de/isobusterdownload.php) haben Sie gute Chancen, verlorene Datenschätze zu bergen.

Im Gegensatz zu Windows bricht **IsoBuster** nicht bei jedem gefundenen Kratzer den Lesevorgang einfach ab. Mit diesem Tool können Sie daher die noch lesbaren Dateien auf einer beschädigten CD/DVD finden und auf Ihrer Festplatte speichern.

Seit Längerem ist das Tool leider keine Freeware mehr. Funktionen, die schon vor der Version 1.0 eingebaut waren, sind allerdings auch unregistriert weiter unbegrenzt nutzbar. Wenn Ihnen das reicht, klicken Sie bei der Frage nach der Registrierung einfach auf **Später erinnern**.

Und so retten Sie mit **IsoBuster** Ihre wertvollen Daten von einer beschädigten CD/DVD:

1. Legen Sie die CD/DVD in das entsprechende Laufwerk ein.

2. Warten Sie ab, bis der Inhalt des Mediums eingelesen wurde und anzeigt wird.

3. Wenn Sie die Verzeichnisse und Dateien sehen, die Sie retten wollen, wählen Sie die ❶ Daten aus und aktivieren Sie das Kontextmenü mit einem Klick mit der rechten Maustaste.

4. Klicken Sie dann im Kontextmenü auf den ❷ **Extrahieren**-Eintrag.

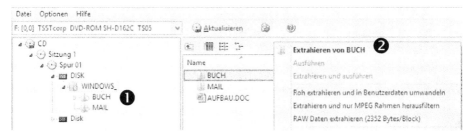

Stellen Sie mit diesem Tool verloren geglaubte Daten wieder her.

5. Geben Sie den Ordner an, in dem Sie die Datei/das Verzeichnis speichern wollen, und klicken Sie auf **OK**. Damit ist die ausgewählte Datei bzw. das Verzeichnis wiederhergestellt.

Tipp! Wenn Sie die zu rettenden Dateien nicht sehen können, ist meistens das Inhaltsverzeichnis der CD/DVD defekt. Sie sehen dann beispielsweise nur einzelne Sessions mit einen oder mehreren Tracks, aber keine Dateien. In diesem Fall sollten Sie die Such-Funktion verwenden.

So suchen Sie nach verlorenen Dateien und Ordnern:

1. Klicken Sie mit der rechten Maustaste auf die Session, in der die Daten gespeichert waren. Üblicherweise handelt es sich dabei um die letzte oder gar einzige Session, z. B. auf einem RW-Medium.

2. Wählen Sie aus dem Kontextmenü den Eintrag ❸ **Verlorene Dateien und Ordner suchen**.

3. Anschließend fragt das Tool, ob von einer IBP-Image-Datei erstellt werden soll. Beantworten Sie die Frage mit einem Klick auf ❹ **Ja**.

Tipp! Bei schlechten oder beschädigten Medien, die schwer zu lesen sind, kann die Analyse sehr lange dauern. Durch das Erzeugen einer IBP-Image-Datei lassen sich alle Daten in eine spezielle Datei auf Ihrer Festplatte oder im Netzwerk übertragen. Dieser Vorgang lohnt sich, da danach die Zugriffszeiten bis zu hundertmal schneller sind als die auf die CD/DVD.

4. Wurde der Analyseprozess abgeschlossen, hat das Tool mit etwas Glück verlorene und/oder gelöschte Dateien und Ordner gefunden.

5. Klicken Sie die betreffende Datei oder den betreffenden Order mit der rechten Maustaste an und speichern Sie diese/diesen mit einem Klick auf **Extrahieren** auf Ihre Festplatte.

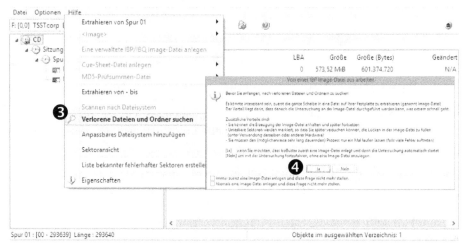

Auch wenn Dateien und Ordner zuerst nicht angezeigt werden, kann dieses Tool sie oft doch noch retten.

Tipp! Um mehrere Dateien/Ordner auf einmal zu extrahieren, halten Sie (wie bei Windows üblich) die Taste <**Shift**> gedrückt und klicken Sie dann auf den ersten sowie auf den letzten Datei-/Ordnereintrag. Um mehrere nicht aufeinanderfolgende Dateien zu markieren, halten Sie beim Markieren die Taste <**Strg**> gedrückt.

Lassen Sie sich vor drohenden Festplattenstörungen warnen

Fällt Ihre Festplatte plötzlich aus, gehen meist unwiderruflich Daten verloren. Regelmäßiges Sichern Ihrer Daten ist hier das Mittel der Wahl. Zumindest die nach der letzten Sicherung neu hinzugekommenen Daten sind nach einem Festplatten-Crash häufig für immer verloren. Lediglich Spezialunternehmen können Ihre Daten dann noch retten.

Profi-Tools zur Fehleranalyse und Datenrettung

Damit genau dieser Fall nicht eintritt, haben die Hersteller mit S.M.A.R.T. ein Frühwarnsystem entwickelt, das Sie mit **CrystalDiskInfo** (http://crystalmark.info/?lang=en) auslesen können.

1. Das Programm bewertet den ❶ Gesundheitszustand Ihrer Festplatte.

2. Unterhalb bekommen Sie die ❷ Temperatur der Festplatte angezeigt.

3. Beachten Sie die ❸ S.M.A.R.T.-Attribute im unteren Bereich. Diese geben Auskunft über den Gesundheitszustand der Festplatte.

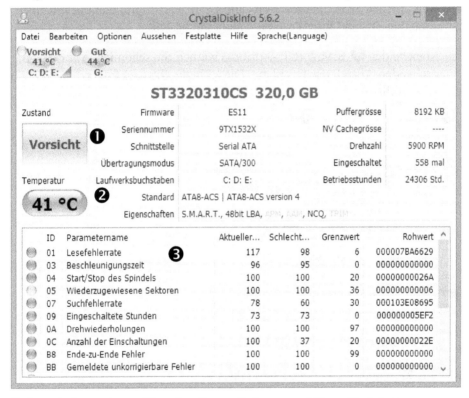

Nähere Informationen über den Gesundheitszustand Ihrer Festplatte bekommen Sie im unteren Bereich angezeigt.

91

4. Ob ein S.M.A.R.T.-Parameter konkreten Grund zur Sorge gibt, lässt sich aus den Spalten **Aktueller Wert**, **Schlechtester Wert** und **Grenzwert** ablesen.

5. Bis auf wenige Ausnahmen gilt hier: Je höher der Wert in der Spalte **Aktueller Wert** ausfällt, desto besser ist es um den jeweiligen Parameter beziehungsweise um die „Fitness" der Festplatte bestellt. Die Spalte **Schlechtester Wert** protokolliert jeweils den schlechtesten zur Laufzeit der Platte ermittelten Messwert.

6. Die Spalte **Grenzwert** nennt Ihnen den unteren Grenzwert.

Hinweis: Liegen Schlechtester Wert- und Grenzwert-Werte dicht beieinander, ist es um den Zustand Ihrer Festplatte nicht gut bestellt.

7. Manche der ❹ S.M.A.R.T.-Attribute warnen Sie schon lange vor einem drohenden Ausfall der Festplatte. Diese finden Sie nachfolgend vorgestellt.

❺ ID	Parametername ❹	Aktueller...	Schlecht...	Grenzwert
01	Lesefehlerrate	117	98	6
03	Beschleunigungszeit	96	95	0
04	Start/Stop des Spindels	100	100	20
05	Wiederzugewiesene Sektoren	100	100	36
07	Suchfehlerrate	78	60	30
09	Eingeschaltete Stunden	73	73	0
0A	Drehwiederholungen	100	100	97
0C	Anzahl der Einschaltungen	100	37	20
B8	Ende-zu-Ende Fehler	100	100	99
BB	Gemeldete unkorrigierbare Fehler	100	100	0

Analysieren Sie die S.M.A.R.T.-Attribute und schützen Sie sich so vor einem drohenden Ausfall der Festplatte.

8. Ein ❺ blauer Punkt signalisiert alles OK.

9. Ein gelber oder roter Punkt warnt Sie vor einem möglichen Festplattenfehler.

Profi-Tools zur Fehleranalyse und Datenrettung

Hinweis: S.M.A.R.T.-Attribute stehen nur für direkt an das Motherboard, nicht aber per USB, angeschlossene Festplatten zur Verfügung.

Nachfolgend die wichtigsten S.M.A.R.T.-Attribute:

S.M.A.R.T.-Attribut	Gefahr	Beschreibung
Aktuell schwebende Sektoren	Ja	Wenn beim Schreiben der Daten ein Fehler auftritt, wird der betroffene Sektor markiert und überwacht – er ist dann sozusagen „schwebend". Wiederholt sich der Fehler beim nächsten Schreibversuch nicht, wird der Sektor wieder normal verwendet.
Anzahl ausstehender Sektoren	Nein	Anzahl der Sektoren, die auf eine Neuzuweisung warten.
Eingeschaltete Stunden	Nein	Anzahl der Stunden im eingeschalteten Zustand.
Einschaltvorgänge	Nein	Anzahl der Einschaltvorgänge.
Lesefehlerrate	Ja	Gibt Aufschluss über die Häufigkeit von Lesefehlern. Bei Werten nahe dem Grenzwert ist höchste Vorsicht geboten. Ein von Null verschiedener Wert deutet auf ein Problem mit der Plattenoberfläche hin.
Schreibfehlerrate	Ja	Anzahl der Fehler beim Schreiben. Werte größer Null signalisieren ein Problem mit der Festplattenoberfläche. Der Datenträger sollte mit dem Support-Tool des Herstellers überprüft werden. Meldet das Hersteller-Tool einen Festplattendefekt, sollte die Festplatte ausgetauscht werden.

Profi-Tools zur Fehleranalyse und Datenrettung

S.M.A.R.T.-Attribut	Gefahr	Beschreibung
Start/Stopp der Festplatte	Nein	Anzahl der Start-/Stopp-Vorgänge eines Laufwerks. Deutet auf Abnutzung hin, da dieser Vorgang Festplatten am stärksten belastet.
Startzeit	Ja	Durchschnitt der Startzeit in Sekunden. Werte nahe dem Grenzwert deuten auf einen drohenden Ausfall des Spindelmotors oder auf einen Lagerschaden hin.
Suchfehlerrate	Ja	Positionierungsfehler der Festplattenköpfe. Hohe Werte sind ein Indikator für Beschädigungen der Stellmechanik, des Servo-Motors oder für eine Überhitzung des Laufwerks.
Temperatur	Ja	Temperatur des Laufwerks. Die zulässige Betriebstemperatur liegt meist im Bereich von 30 bis 40 Grad Celsius. Jedes Grad mehr erhöht die Ausfallwahrscheinlichkeit um zwei bis drei Prozent.
Ultra-DMA CRC-Fehlerrate	Nein	Anzahl der aufgetretenen CRC-Fehler. Ursache können defekte Kabel, verschmutzte Kontakte oder fehlerhafte Festplattentreiber sein.
Unkorrigierbare Sektoren	Ja	Die Gesamtzahl von nicht korrigierbaren Fehlern beim Lesen oder Schreiben eines Sektors. Ein Anwachsen dieses Wertes könnte auf einen Defekt der Plattenoberfläche oder auf mechanische Probleme hinweisen.
Wiederzugewiesene Sektoren	Ja	Stellt die Festplatten-Firmware fest, dass Sektoren beschädigt sind, lagert sie die Daten in Reservesektoren aus. Ein Wert nahe dem Grenzwert deutet darauf hin, dass der Festplatte die Reservesektoren ausgehen.

Hinweis: Die Zahl der protokollierten S.M.A.R.T.-Attribute fällt von Hersteller zu Hersteller der Festplatten unterschiedlich aus und schwankt zwischen 15 Attributen bei einigen Western-Digital-Festplattenmodellen bis hin zu 20 und mehr Attributen wie beispielsweise bei Notebookplatten von Fujitsu.

Ermitteln Sie Fehler im Dateisystem

Sollten Sie Fehlermeldungen angezeigt bekommen, die das Dateisystem betreffen, sollten Sie die Dateisystemüberprüfung von Windows aktivieren. Zusätzlich sollten Sie mit dem Festplatten-Dienstprogramm **HD Tune** (www.hdtune.com) Ihre Festplatte untersuchen. SSD-Festplatten werden ebenfalls unterstützt.

Das Tool zeigt Ihnen Infos zu Partitionen, Firmware-Version, Seriennummer, Speicherplatz, Transferrate, Zugriffszeit, CPU-Auslastung, Burst-Rate, S.M.A.R.T.-Informationen, Partitionsinformationen, Firmware-Version, Seriennummer, Kapazität, Buffer-Größe, Transfer-Mode und Festplattentemperatur.

1. Über das Register ❶ **Benchmark** und einen Klick auf **Start** prüft das Tool die Leistungsfähigkeit Ihrer Festplatte. Außerdem zeigt das Programm rechts in der Taskleiste die Temperatur an.

2. Zusätzlichen Aufschluss über die Lesegeschwindigkeit Ihrer Festplatte gibt Ihnen die Anzeige **Transfer Rate**. Aktuelle Festplatten sollten eine maximale ❷ Datenübertragungsrate von 100 MByte/sec leisten.

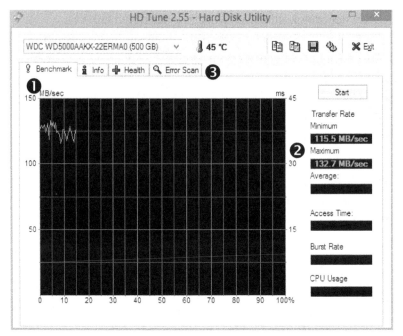

Analysieren Sie die Leistungsfähigkeit Ihrer Festplatte.

3. Klicken Sie auf **Stop**, um als Nächstes einen Fehlertest zu starten.

4. Um nach Fehlern auf Ihrer Festplatte zu suchen, klicken Sie auf das Register ❸ **Error Scan** und anschließend auf die Schaltfläche **Start**.

5. Sollte das Tool einen fehlerhaften Sektor finden, wird dieser rot gekennzeichnet. Ist alles in Ordnung, wird der Sektor grün markiert.

Prüfen und testen Sie Ihr System mit dem PC Wizard

Mit dem **PC Wizard** (www.cpuid.com) können Sie Ihr System analysieren und erhalten ausführliche Informationen über Ihre Hardware, die installierte Software sowie andere Komponenten, von Motherboard über Chipset, BIOS und Peripherie bis zum Netzwerk.

Zusätzlich können Sie mit diesem Tool die Stabilität und Geschwindigkeit Ihrer Hardware-Komponenten ausgiebig prüfen. Um beispielsweise Ihren

Arbeitsspeicher zu testen, klicken Sie auf ❶ **Benchmark** und anschließend auf das ❷ Symbol **MEM**.

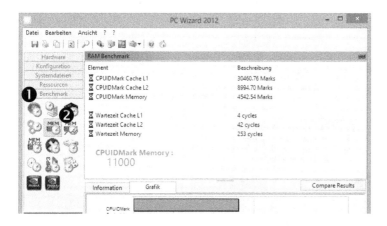

Das Tool zeigt Ihnen alle Infos zu Ihrer Hardware, führt Benchmark- Tests durch und vieles mehr.

 **Tipp!** Das Tool bietet Ihnen unter dem Register **Hardware** außerdem eine gute ❸ Temperaturüberwachung für CPU, Motherboard und Festplatte.

Messen Sie die Temperatur und Spannungen mit diesem ausgezeichneten Analyse-Tool.

Alle aktuellen Motherboards und Festplatten sind dafür mit Messfühlern bestückt, die von Analyseprogrammen wie **PC Wizard** ausgelesen werden können:

1. Klicken Sie zum Auslesen der Werte auf das Symbol ❹ **Spannung, Temperatur und Lüfter**.

2. Das Tool bietet Ihnen eine genaue ❺ Temperaturüberwachung für CPU, Motherboard und Festplatte. Bei sporadischen Systemabstürzen sollten Sie damit zuerst die Temperatur Ihrer Hardware kontrollieren.

Das Tool zeigt Ihnen u. a. alle Infos zu Ihrer Hardware an.

Ab diesen Temperaturen wird es kritisch im System:

- **CPU-Temperatur**: Wie warm eine CPU werden darf, hängt vom jeweiligen Fabrikat ab. Intel-CPUs bleiben beispielsweise meist etwas kühler als Prozessoren von AMD.

- **Festplatten-Temperatur**: Eine Temperatur von 40 Grad ist normal. Wird Ihre Festplatte allerdings wärmer als 50 Grad, sollten Sie einen Festplattenkühler installieren.

- **GPU-Temperatur**: Bei Temperaturen über 80 Grad ist es dringend erforderlich, die Kühlung der Grafikkarte zu verbessern.

- **Motherboard-Temperatur**: Eine Temperatur des Chipsatzes von etwa 35 bis 40 Grad ist normal. Wird das Motherboard wärmer als 50 Grad, kann das zur Instabilität Ihres Systems führen.

Decken Sie den Engpass im System auf

Wenn Sie auf der Suche nach einem hervorragenden Systemanalyseprogramm für Ihren PC oder Ihr Netzwerk sind, probieren Sie am besten **SiSoft Sandra Lite** (www.sisoftware.net) aus.

Dieses Tool bietet Ihnen über 60 Funktionen, mit denen Sie Ihr System ganz fix durchchecken können:

1. Im Register ❶ **Werkzeuge** finden Sie unter anderem Funktionen, um Ihr System einem **Burn-in-Test** zu unterziehen und einen Bericht zu erzeugen. Mit dem **Burn-in-Test** prüfen Sie Ihr System unter hoher Belastung.

2. Um beispielsweise die Leistung Ihres Systems zu verbessern, doppelklicken Sie auf das Symbol ❷ **Analyse und Hinweise zur Leistungsverbesserung**.

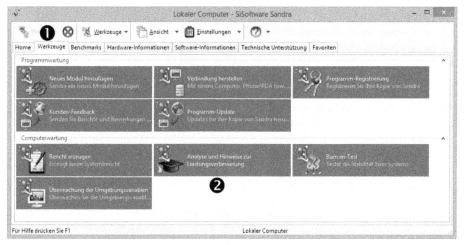

Profi-Tools zur Fehleranalyse und Datenrettung

Das Tool bietet gute Tests, um Leistungsbremsen zu analysieren.

3. Klicken Sie dann viermal auf die Schaltfläche **Weiter** und abschließend auf die Schaltfläche **OK**.

4. Beachten Sie dabei besonders die Warnungen und Fehlerhinweise. Über diese können Sie so manche Schwachstelle in Ihrem System aufdecken und ausschalten.

5. Über das Register **Benchmarks** haben Sie Zugriff auf eine Vielzahl von Leistungstests.

6. Wenn Sie Details zu Ihren Komponenten wie Motherboard, Prozessor, Netzwerk benötigen, klicken Sie auf das Register **Hardware-Informationen**. Doppelklicken Sie dann auf die gewünschte Komponente.

7. Das Register **Software-Informationen** liefert Ihnen Informationen über die installierten Programme sowie die laufenden Prozesse und Dienste.

Tipp! Nähere Informationen über die einzelnen Module erhalten Sie über die detaillierte Online-Hilfe (<**F1**>) oder die Kontext-Hilfe (<**Shift**>+<**F1**>).

Datenrettung und Virenbeseitigung mit Rettungs-CD

Sicher haben auch Sie schon die leidvolle Erfahrung eines plötzlichen System-Totalausfalls und damit häufig einhergehendem Datenverlust gemacht. Um dann noch retten zu können, was zu retten ist, sollten Sie stets eine bootfähige Notfall-CD zur Hand haben.

Setzen Sie die Dr.Web LiveCD ein

Wenn Ihr PC wegen Malware nicht starten kann, können Sie die

Funktionsfähigkeit des infizierten Systems mit der ❶ **Dr.Web LiveCD** (www.freedrweb.com/livecd) schnell wiederherstellen. Die CD hilft Ihnen, Ihr System von infizierten und verdächtigen Dateien zu befreien.

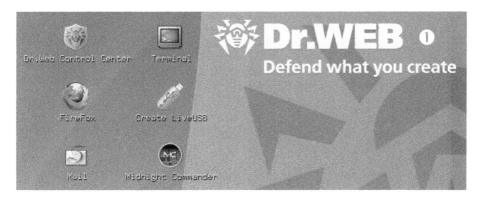

Testen Sie mit dieser CD den Arbeitsspeicher, entfernen Sie Viren und nutzen Sie die Zusatzprogramme.

Aktivieren Sie den Virenscanner

Nach der Auswahl der Option **Dr.Web LiveCD (Default)** startet voreingestellt der Virenscanner von Dr.Web.

Datenrettung und Virenbeseitigung mit Rettungs-CD

1. Vorausgesetzt, es besteht eine Internetverbindung, wird die Virensignatur automatisch aktualisiert.

2. Klicken Sie auf das Register ❷ **Scanner**, um den Scan-Modus auszuwählen.

3. Klicken Sie auf ❸ **Full scan** (empfohlen), wenn Sie das gesamte System auf Virenbefall untersuchen möchten.

4. Klicken Sie auf ❹ **Custom scan**, wenn Sie einzelne Dateien oder Ordner untersuchen möchten.

5. Starten Sie den Virenscan durch einen Klick auf ❺ **Begin the scan**.

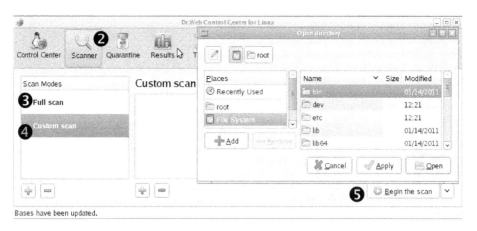

*Wählen Sie am besten **Full scan** und untersuchen Sie so bei Virenverdacht das gesamte System.*

Tipp! Über **Tools** – **Settings** können Sie einstellen, wie der Scanner infizierte Dateien behandeln soll. Sollte ein Virus erkannt werden, können Sie diesen über einen Klick auf ❻ **Cure** (Reparieren) oder **Delete** (Löschen) entfernen.

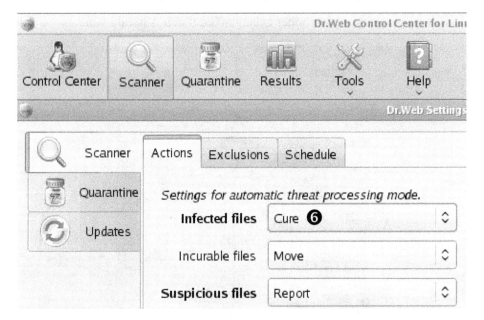

Konfigurieren Sie den Virenscanner.

Retten Sie Ihre Daten mit dem Dateimanager

Im Hauptmenü finden Sie den Dateimanager. Der **Midnight Commander** besitzt zwei unabhängige Fenster, in denen Sie durch das Dateisystem navigieren können. Damit können Sie im Fehlerfall die Daten von der Festplatte des havarierten Windows-Systems retten.

1. Mit der Taste <**Einfg**> können Sie Dateien markieren. Markierte Dateien können Sie mit der Taste <**F8**> löschen. <**F5**> kopiert Dateien in das aktuelle Verzeichnis des jeweils anderen Fensters, welches Sie mit der <**Tabulator**>-Taste aktivieren. Verschieben können Sie die Dateien mit der Taste <**F6**>.

2. Die mit einem vorangestellten ❼ Slash (/) gekennzeichneten Einträge sind Verzeichnisse. In diese wechseln Sie einfach durch Auswahl und Drücken von <**Return**>.

3. Eine Verzeichnisebene höher gelangen Sie durch Auswahl von /...

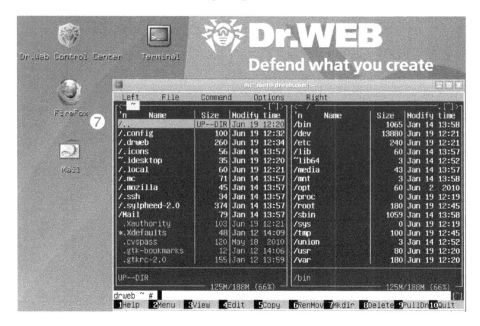

Mit dem Dateimanager haben Sie Ihre Dateien und Ordner im Griff.

Überprüfen Sie den Arbeitsspeicher auf Fehler

Wenn Ihr System trotz ausreichender Kühlung öfter abstürzt, könnte dies einen Fehler im Arbeitsspeicher verursachen. Um den RAM zu prüfen, setzen Sie am besten den integrierten Speichertest ein.

1. Wählen Sie nach dem Start der CD den Menüpunkt ❽ **Testing Memory** und drücken Sie <**Return**>.

2. Starten Sie den RAM-Test und überprüfen Sie den Arbeitsspeicher auf Fehler. Lassen Sie den Test mindestens eine Stunde laufen.

3. Um den Speichertest zu beenden, drücken Sie <**Esc**>.

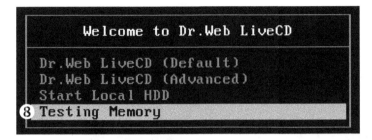

Analysieren Sie fehlerhaften Arbeitsspeicher mit dem integrierten RAM-Tester.

Setzen Sie bei Virenverdacht eine weitere Live-CD ein

Beim Verdacht auf Virenbefall sollten Sie eine zweite Live-CD einsetzen. Denn auch ein aktueller Virenscanner erkennt nur ca. 98 % der im Umlauf befindlichen Schadsoftware. Setzen Sie deshalb zusätzlich die **Kaspersky Rescue Disk** zur Virenerkennung und Beseitigung ein. Denn wenn die eine Rettungs-CD keine Lösung zur Virenbeseitigung bietet – kann die andere vielleicht doch noch in sonst aussichtslosen Situationen helfen.

Die **Kaspersky Rescue Disk** (http://support.kaspersky.com/de) durchsucht nach dem Start das komplette System, einzelne Laufwerke oder Verzeichnisse. Zusätzlich bietet die CD einen Dateimanager, mit dem Sie Daten retten, infizierte Dateien löschen oder Textdateien bearbeiten können. Für die Internetrecherche im Fehlerfall steht eine deutsche Version von Firefox bereit.

Um Ihr System auf Viren zu scannen, folgen Sie der nachfolgenden Schritt-für-Schritt-Anleitung:

1. Starten Sie das System über die CD, drücken Sie eine beliebige Taste und wählen Sie die gewünschte Sprache aus.

2. Akzeptieren Sie die Lizenzbedingungen und wählen Sie für den Start den **Grafikmodus**. Sollte es damit Probleme geben, aktivieren Sie den **Textmodus**.

3. Anschließend werden die Laufwerke in das Dateisystem eingebunden und der Virenscanner gestartet.

4. Um die Virensignatur zu erneuern, klicken Sie auf das Register ❶ **Update** und klicken auf den Link **Update ausführen**.

Laden Sie die aktuellen Signaturen und testen Sie Ihr System auf Viren.

5. Nach dem Update wechseln Sie zurück auf das Register ❷ **Untersuchung von Objekten**. Wählen Sie ggf. die zu durchsuchenden Laufwerke aus oder belassen Sie es bei der Voreinstellung, um das gesamte System zu prüfen.

6. Aktivieren Sie den Scan mit einem Klick auf ❸ **Computer auf Viren untersuchen**.

7. Lassen Sie sich abschließend durch einen Klick auf **Bericht**, die Suchergebnisse anzeigen.

Schützen Sie Ihr System vor versteckten Rootkits

Fast alle Trojaner und offen stehenden Hintertürchen lassen sich mit herkömmlichen Antivirenprogrammen zuverlässig entdecken. Leider aber eben nicht alle, denn immer öfter tarnen sich gefährliche Eindringlinge mit einer Tarnkappe: Diese greifen tief in die Funktionen von Windows ein und verschleiern dadurch ihre verbrecherischen Aktivitäten. Mit dem kostenlosen Profi-Tool **RootKitRevealer** können Sie Ihr System überprüfen.

RootKitRevealer stammt übrigens von dem Mann, der die Plattenfirma Sony in arge Erklärungsnöte brachte, als er entdeckte, dass sich der Sony-Kopierschutz wie ein Rootkit im System einnistet. Welches Tool könnte sich also besser eignen, um Ihren PC nach getarnten Schädlingen zu durchsuchen.

Um Ihr System auf Rootkits zu überprüfen, gehen Sie wie folgt vor:

1. Laden Sie sich das Live-System **grml** (http://grml.org/download) herunter und brennen Sie die Image-Datei auf eine CD.

2. Öffnen Sie nach dem Start ein Terminal mit einem Klick auf das ❶ **xterm**-Symbol.

3. Vor einem Test sollten Sie ein Update der Virensignatur durchführen. Geben Sie dazu den ❷ Befehl **sudo rkhunter --update** <**Return**> ein. Um das --Zeichen einzugeben drücken Sie die Taste <**ß**>.

4. Mit dem Befehl **sudo rkhunter -c** <**Return**> starten Sie einen kompletten Systemscan.

Laden Sie die neueste Virensignatur und testen Sie Ihr System.

Setzen Sie die neuen Diagnose-Funktionen von Windows 8/7 ein

Die Windows-Versionen 8 und 7 laufen gegenüber Vista und XP schneller und stabiler. Weiterhin wurden in Windows 8/7 neue Diagnose-Funktionen für die effektive Fehleranalyse integriert. Die passenden Schritt-für-Schritt-Anleitungen, wie Sie mit diesen neuen Diagnose-Funktionen selbst hartnäckigste System-Störungen analysieren und beseitigen können, finden Sie in diesem Kapitel vorgestellt.

Aktivieren Sie bei Systemstörungen die Problembehandlung

Die Problembehandlung in der Systemsteuerung enthält verschiedene Reparaturprogramme, mit denen einige häufige Fehler im System automatisch behoben werden können, beispielsweise Störungen bei Netzwerken, Hardware und Geräten, beim Verwenden des Internets und bei der Programmkompatibilität.

Um die Problembehandlung zu aktivieren, gehen Sie wie folgt vor:

1. Aktivieren Sie die **Systemsteuerung** und wählen Sie unter **Anzeige** den Eintrag **Große Symbole** aus.

2. Klicken Sie auf **Wartungscenter** und dort im unteren Bereich auf den ❶ Link **Problembehandlung**.

3. Wählen Sie den ❷ Bereich und anschließend die passende Lösung aus.

4. Starten Sie die Problembehandlung. Alles Weitere läuft automatisch ab. Folgen Sie einfach den Anweisungen des Assistenten.

Setzen Sie die neuen Diagnose-Funktionen von Windows 8/7 ein

Lassen Sie sich bei der Fehlerbehebung durch Windows 8 unterstützen.

5. Beim Ausführen einer Problembehandlung müssen Sie meist ein paar Fragen beantworten oder allgemeine Einstellungen zurücksetzen, während das Problem behoben wird.

6. Kann der Fehler nicht behoben werden, wählen Sie unter den angezeigten Optionen. Sie erhalten dann online weitere Informationen zur Problembehandlung angezeigt.

Setzen Sie die neuen Diagnose-Funktionen von Windows 8/7 ein

Tipp! Klicken Sie auf den Link **Erweitert** in einer Problembehandlung und deaktivieren die ❸ Option **Reparaturen automatisch anwenden**, wird Ihnen zu Ihrem Problem eine Liste der Korrekturen zur Auswahl angezeigt.

Lassen Sie sich nach einem Klick auf **Weiter** *alle Problemlösungen anzeigen.*

Lassen Sie sich fehlerhafte Tools und Programme anzeigen

Wenn Software-Installationen fehlschlagen, werden diese unter Windows 8/7 protokolliert. Dank der Zuverlässigkeitsüberwachung können Sie die Programme lokalisieren, die für Fehler oder Abstürze des Systems verantwortlich bzw. an diesen beteiligt waren. Gehen Sie dazu folgendermaßen vor:

110

Setzen Sie die neuen Diagnose-Funktionen von Windows 8/7 ein

1. Aktivieren Sie die **Systemsteuerung** und wählen Sie unter **Anzeige** den Eintrag **Große Symbole** aus.

2. Klicken Sie auf den Link **Wartungscenter**.

3. Erweitern Sie den Bereich **Wartung** durch einen Klick auf die ❹ Schaltfläche mit dem Pfeil nach oben und klicken Sie auf **Zuverlässigkeitsverlauf anzeigen**.

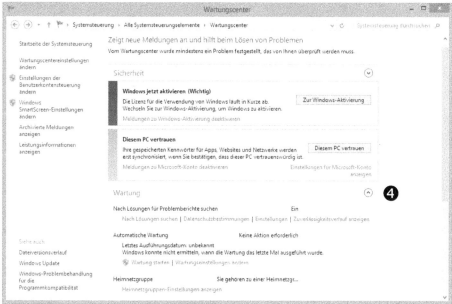

Kontrollieren Sie bei Systemstörungen die Zuverlässigkeitsüberwachung von Windows 8/7.

4. Wenn im nachfolgenden Fenster ❺ rote Punkte aufgeführt sind, können Sie darüber auf den Tag genau die fehlerhafte Anwendung bzw. Programminstallation lokalisieren.

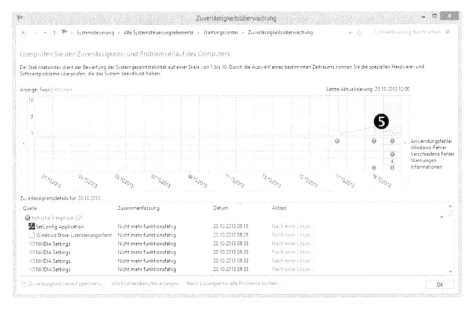

Rote Punkte signalisieren Ihnen mögliche Systemprobleme.

Reparieren Sie Ihre Anwendungen automatisch

Windows 8/7 bietet Ihnen die Möglichkeit, ein Programm automatisch zu reparieren, das beispielsweise durch einen Systemfehler beschädigt oder durch Unachtsamkeit gelöscht wurde. Zahlreiche Programme bieten für diese Fälle eine nützliche Funktion, die automatisch überprüft, ob alle benötigten Dateien und Einträge in die Registry noch vorhanden sind und Fehler gegebenenfalls behebt. Und so nutzen Sie diese Funktion:

1. Unter Windows 8 klicken Sie in der **Systemsteuerung** auf **Programme** und wählen den Link **Programme und Features**.

2. Wenn Sie Windows 7 einsetzen, klicken Sie auf **Start** – **Systemsteuerung** – **Programme** –**Programme und Funktionen**.

3. Wählen Sie anschließend die betreffende Anwendung aus.

4. Bietet diese Anwendung eine Reparatur-Funktion, wird die ➏ Schaltfläche **Reparieren** angezeigt. Klicken Sie auf diese Schaltfläche und bestätigen Sie die darauf folgende Sicherheitsabfrage.

5. Anschließend wird der Reparaturvorgang gestartet und läuft in der Regel automatisch ab. Nach einigen Sekunden bis hin zu wenigen Minuten ist die Reparatur abgeschlossen, und Sie können wieder wie gewohnt mit der Anwendung arbeiten.

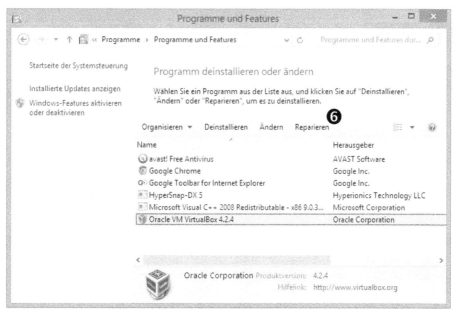

Stellen Sie mit nur einem Mausklick Ihre Anwendungen vollautomatisch wieder her.

Aktivieren oder deaktivieren Sie die Windows-Funktionen

Windows 8/7 wird mit vielen Funktionen installiert, die häufig gar nicht benötigt werden. Andere Funktionen, beispielsweise die Internetinformationsdienste (IIS), müssen vor der Verwendung erst aktiviert

Setzen Sie die neuen Diagnose-Funktionen von Windows 8/7 ein

werden. Es lohnt sich also, die Standard-Installation darauf zu überprüfen, welche Funktionen bei Bedarf deaktiviert werden können. Das spart wertvolle Ressourcen wie Arbeitsspeicher und Prozessorleistung.

Während in früheren Windows-Versionen die Funktionen zum Deaktivieren auf dem System noch vollständig deinstalliert werden mussten, bleiben unter Windows 8/7 die Funktionen auf der Festplatte gespeichert und können somit bei Bedarf wieder aktiviert werden. Beim Deaktivieren einer Funktion wird diese nicht deinstalliert, sodass sich auch der verwendete Festplattenspeicher nicht verringert.

Um die Windows-Funktionen ein- bzw. auszuschalten, gehen Sie wie folgt vor:

1. Unter Windows 8 aktivieren Sie die **Systemsteuerung** und klicken auf **Programme.**

   Klicken Sie unter Windows 7 auf **Start – Systemsteuerung – Programme – Programme und Funktionen.**

2. Unter Windows 8 wählen Sie im Bereich **Programme und Features** den Link **Windows-Features aktivieren oder deaktivieren.**

3. Klicken Sie unter Windows 7 auf den Link **Windows-Funktionen aktivieren oder deaktivieren.**

4. Aktivieren Sie das ❼ Kontrollkästchen neben der gewünschten Funktion, um die Funktion anzuzeigen. Deaktivieren Sie das Kontrollkästchen, um das betreffende Windows-Feature auszublenden.

5. Bestätigen Sie die Änderungen mit einem Klick auf die Schaltfläche **OK.**

Setzen Sie die neuen Diagnose-Funktionen von Windows 8/7 ein

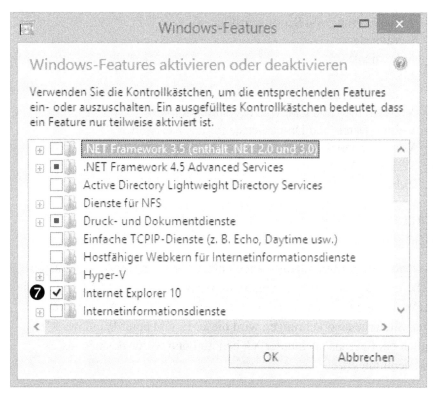

Schalten Sie Bedarf die System-Funktionen ein und aus.

Hinweis: Grundsätzlich können Sie sämtliche Windows-Komponenten deinstallieren, ohne dass Windows 8 dabei in seiner Funktionalität eingeschränkt würde. Einige wenige Zusatzprogramme und Funktionen können jedoch für bestimmte Verwendungszwecke durchaus sinnvoll sein.

Sollten Sie deinstallierte Windows-Komponenten zu einem späteren Zeitpunkt wieder benötigen, können Sie diese jederzeit mit wenigen Mausklicks wieder installieren. Dazu setzen Sie einfach wieder ein Häkchen vor die erneut zu installierende Komponente.

Zu den weniger benötigten Komponenten, die Sie deaktivieren können, gehören:

Setzen Sie die neuen Diagnose-Funktionen von Windows 8/7 ein

- Aktualisierung von Stammzertifikaten
- Faxdienste
- Indexdienst
- MSN Explorer
- Netzwerkdienste
- Verwaltungs- und Überwachungsprogramme
- weitere Datei- und Druckdienste für das Netzwerk
- Windows Media Player
- Windows Messenger
- Zubehör und Dienstprogramme

So starten Sie Ihre Anwendungen mit Administratorrechten

Selbst wenn Sie als Administrator angemeldet sind, arbeiten Anwendungen aus Sicherheitsgründen nur mit eingeschränkten Rechten. Bei XP konnten Sie eine Anwendung mit einem anderen Benutzerkonto starten. Aufgrund der stärkeren Sicherheitsvorkehrungen wird dieser Befehl unter Windows 8/7 wesentlich häufiger als noch unter XP benötigt und wurde deshalb ins Kontextmenü integriert.

1. Unter Windows 8 klicken Sie das Desktop-Icon der gewünschten Anwendung mit der rechten Maustaste an.

   Wenn Sie Windows 7 einsetzen, klicken Sie im Startmenü mit der rechten Maustaste auf die gewünschte Anwendung.

2. Wählen den ❽ Eintrag **Als Administrator ausführen** aus dem Kontextmenü aus.

Setzen Sie die neuen Diagnose-Funktionen von Windows 8/7 ein

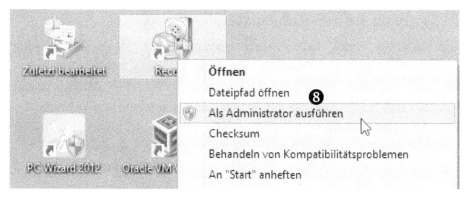

So weisen Sie dem Programm unter Windows 8 Administratorrechte zu.

3. Sie können eine Anwendung auch grundsätzlich mit
    Administratorrechten starten. Klicken Sie dazu das Programm mit der
    rechten Maustaste an und wählen Sie im Kontextmenü den Eintrag
    Eigenschaften aus.

4. Klicken Sie auf das Register **Kompatibilität** und aktivieren Sie dort
    die Option ❾ **Programm als ein Administrator ausführen**, wenn
    Windows das erlaubt.

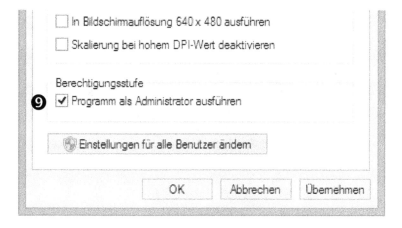

So weisen Sie dem Programm unter Windows 8/7 Administratorrechte zu.

117

Reparieren Sie den Ruhezustand

Unter Windows 8 und 7 kann es vorkommen, dass die Datenträgerbereinigung gründlicher vorgeht, als es manch einem Anwender lieb ist: Nicht nur überflüssige Dateien werden entfernt, sondern scheinbar auch gleich der ganze Ruhezustandsmodus. Dies passiert immer dann, wenn die Datenträgerbereinigung auch die vom Ruhezustandsmodus angelegten Dateien bereinigt und dadurch die Datei **hiberfil.sys** entfernt wird. In dieser Datei werden alle Daten des Ruhezustands abgelegt. Doch Sie können den Ruhezustand problemlos in wenigen Schritten wieder aktivieren:

1. Wenn Sie Windows 8 einsetzen, drücken Sie die Tastenkombination <**WIN**>+<**X**> und wählen den ❶ Eintrag **Eingabeaufforderung (Administrator)**.

   Unter Windows 7 geben Sie den Befehl **cmd** in das Suchfeld ein und drücken anschließend die Tastenkombination ⌨Strg+⌨⇧+⌨↵, um die Kommandozeile mit Administratorrechten zu starten.

2. Geben Sie anschließend den ❷ Befehl **powercfg -h on** ein und drücken Sie <**Return**>, um den Ruhezustand wieder zu aktivieren.

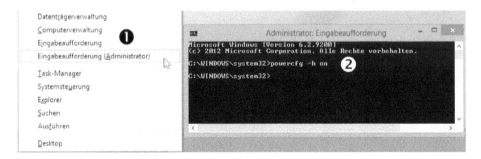

Stellen Sie den Ruhezustand von Windows 8/7 wieder her.

Entfernen Sie Schadsoftware mit dem integrierten Virenscanner

Sollten Sie den Verdacht auf Virenbefall haben, können Sie das System zusätzlich mit dem bordeigenen Windows Defender von Windows 8/7 untersuchen. Dieser erscheint unter Windows 8 jetzt mit der Oberfläche des bewährten Virenscanners Security Essentials.

1. Unter Windows 8 aktivieren Sie den Startbildschirm mit den Kacheln und wählen links unten die Schaltfläche mit dem kleinen Pfeil nach unten aus. Klicken Sie im Bereich **Windows-System** auf den ❸ Eintrag **Windows Defender**.

   Wenn Sie Windows 7 einsetzen, klicken Sie auf **Start** und geben im **Suchen**-Feld den Text **Windows Defender** ein und klicken auf den gleichnamigen Eintrag.

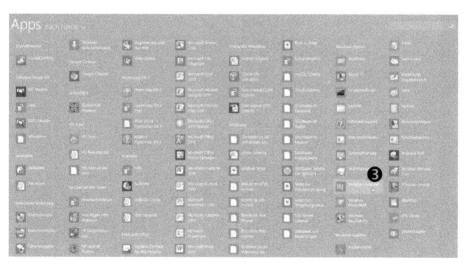

So starten Sie den integrierten Virenscanner unter Windows 8.

2. Kontrollieren Sie unter Windows 8, ob die ❹ Funktion **Echtzeitschutz** eingeschaltet ist. Der Echtzeitschutz überwacht im Hintergrund alle Tätigkeiten und warnt Sie, wenn ein Schadprogramm aktiv werden sollte.

Setzen Sie die neuen Diagnose-Funktionen von Windows 8/7 ein

Unter Windows 7 klicken Sie dazu zusätzlich auf **Extras – Optionen** und auf den Link **Echtzeitschutz**.

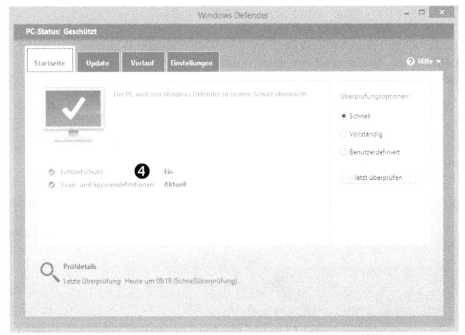

Der bordeigenen Virenscanner schützt von Viren, Würmer und Trojaner mit einem Hintergrundwächter.

3. Sollte der Echtzeitschutz ausgeschaltet sein, klicken Sie unter Windows 8 auf das Register **Einstellungen**. Setzen Sie dann ein Häkchen vor die Option **Echtzeitschutz aktivieren (empfohlen)**.

4. Klicken Sie unter Windows 8 auf das Register **Startseite** und wählen Sie die gewünschte Überprüfung.

   - **Schnell**: Mit der Schnellprüfung werden die Bereiche getestet, die von Schadsoftware, am wahrscheinlichsten infiziert werden. Dazu gehören beispielsweise die Programme, DLL-Bibliotheken, Startsektor der Festplatte und die Autostartmöglichkeiten.
   - **Vollständig**: Bei einer kompletten Überprüfung werden alle Dateien auf der Festplatte und alle aktuell ausgeführten

120

Setzen Sie die neuen Diagnose-Funktionen von Windows 8/7 ein

>Programme im Arbeitsspeicher überprüft. Je nach System kann die Überprüfung länger als eine Stunde dauern.

- **Benutzerdefiniert**: Bei der benutzerdefinierten Überprüfung, können Sie die Speichermedien und Ordner bestimmen, welche auf Virenbefall hin untersucht werden sollen.

5. Aktivieren Sie den Scanvorgang dann mit einem Klick auf die ❺ Schaltfläche **Jetzt überprüfen**.

   Unter Windows 7 klicken Sie auf **Überprüfung**.

6. Anschließend wird Ihr System auf Schadsoftware untersucht.

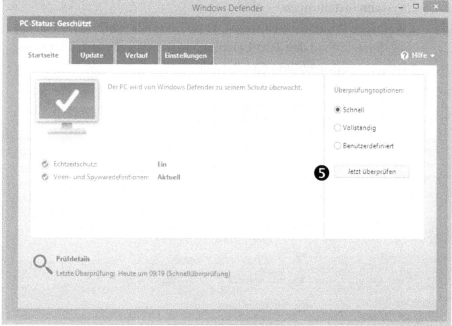

So testen Sie das System manuell auf Virenbefall.

Passen Sie die visuellen Effekte individuell an

Die Grafikeffekte von Windows 8/7 sind zwar ein wahrer Blickfang, beanspruchen jedoch Grafikkarte und Prozessor stark. Wenn bei Ihnen nach einem Mausklick erst nach einigen Sekunden etwas geschieht, sollten Sie also evtl. die visuellen Effekte reduzieren und so die Systemleistung wieder erhöhen.

1. Unter Windows 8 öffnen Sie die **Systemsteuerung** und klicken oben rechts für die Anzeige auf **Große Symbole.** Klicken Sie auf den ❻ Link **System** und dann oben links auf **Erweiterte Systemeinstellungen**.

   Wenn Sie Windows 7 einsetzen, klicken Sie auf **Start** und geben in das **Suchen**-Feld den Text **Leistung** ein. Klicken Sie auf den Eintrag **Leistungsinformationen und -tools**.

Lassen Sie sich die erweiterten Systemeinstellungen anzeigen.

2. Wählen Sie unter Windows 8 das Register **Erweitert** und im Bereich **Leistung** die Schaltfläche **Einstellungen**.

122

Setzen Sie die neuen Diagnose-Funktionen von Windows 8/7 ein

Unter Windows 7 klicken Sie im nächsten Fenster auf **Visuelle Effekte anpassen**.

3. Aktivieren Sie die ❼ Option **Für optimale Leistung anpassen**, um die visuellen Effekte abzuschalten. Über die Option **Benutzerdefiniert** stellen Sie die visuellen Effekte unter Windows 8 individuell ein.

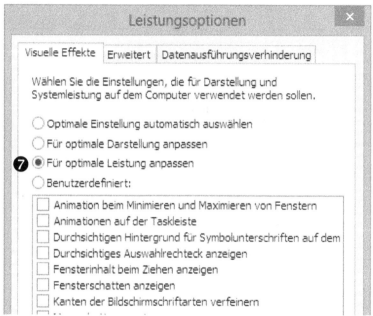

So schalten Sie alle überflüssigen optischen Effekte ab.

Überprüfen Sie den Arbeitsspeicher auf Probleme

Ihr System lief bislang immer tadellos, doch seit kurzer Zeit tauchen immer wieder unerklärliche Abstürze auf? Dann könnte daran ein defekter Speicherbaustein schuld sein – mit der Speicherdiagnose, die in Windows 8/7 integriert ist, können Sie dies jedoch leicht überprüfen.

123

Setzen Sie die neuen Diagnose-Funktionen von Windows 8/7 ein

1. Aktivieren Sie unter Windows 8 die Systemsteuerung, aktivieren Sie unter Anzeige die Einstellung **Große Symbole** und klicken Sie auf **Verwaltung**. Doppelklicken Sie auf den ❽ Eintrag **Windows-Speicherdiagnose**.

   Wenn Sie Windows 7 einsetzen, klicken Sie auf **Start** und geben im **Suchen**-Feld den Text **Speicher** ein. Wählen Sie aus der Liste den Eintrag **Windows-Speicherdiagnose**.

2. Sie erhalten jetzt die Möglichkeit, den Speichertest entweder ❾ sofort vorzunehmen oder erst beim nächsten Systemstart.

3. Nachdem das System neu gestartet wurde, beginnt die Diagnose Ihres Arbeitsspeichers. Über den aktuellen Fortschritt sowie eventuelle Fehler werden Sie dabei ausführlich informiert.

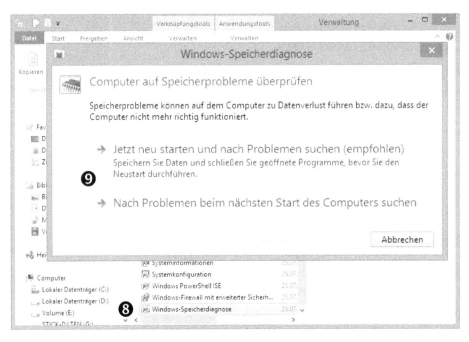

Lassen Sie bei sporadischen Systemabstürzen Ihren Arbeitsspeicher überprüfen.

Probleme mit Windows 8/8.1 effektiv lösen

Weitere neue Soforthilfelösungen und Tipps aus dem Buch „**Windows 8 Troubleshooting und Tipps**" helfen sofort. Zusätzlich erhalten Privatperson kostenlose E-Mail-Hotline bei Windows 8-Störungen. Jetzt unter www.amazon.de für nur 9,90 € + **GRATIS-E-Mail-Hotline** inklusive.

Windows 8

Troubleshooting und Tipps

mit

Windows 8.1
Angepasst an Windows 8.1

⊘ **Fehlerlösungen**

⊘ **Datenrettung**

⊘ **Analyse-Programme**

⊘ **Schritt-für-Schritt-Anleitungen**

⊘ **GRATIS-Hotline per E-Mail**

Bezug: www.amazon.de.

www.amazon.de für nur 9,90 € + **GRATIS-E-Mail-Hotline** inklusive

www.ingramcontent.com/pod-product-compliance
Lightning Source LLC
Chambersburg PA
CBHW071222050326
40689CB00011B/2417